AF275861

# Baudelaire

El desgarrado

Ramón Gómez de la Serna

www.archivosvola.es
rescatando el acervo

Ramón Gómez de la Serna
"El desgarrado Baudelaire", epílogo a
*Prosa escogida por Carlos Baudelaire*
Selección y traducción de Julio Gómez de la Serna
Biblioteca nueva, Madrid 1920

ISBN: 978-84-128026-8-9

CHARLES BAUDELAIRE
(París, 1821-1867)

# El desgarrado Baudelaire

Baudelaire es el poeta impar, ingente, inacabable, de emoción incandescente. No es un gran nombre el que ha dejado, sino algo así como la silueta del ave herida de mala muerte, que se mueve con vaivenes de agonía en el árbol en que se quedó prendida al caer.

Baudelaire fue, ante todo, un desgraciado físico. Se le recrudeció el cerebro por fatalidad física, pues ahora resulta que los antepasados de Baudelaire –su madre, por último, antes que él– tuvieron su enfermedad, esa parálisis progresiva que sus detractores achacaron en él a los vicios. Para mí, su obra respiraba tal virtud que nunca creí en el alma enviciada.

Cada vez me parece más un niño, un niñito, aquel niño que, según una nota del diario de los Goncourt, representaba *Marion Delorme* "en la alcoba de un cuarto piso de Batignolles, de la que se había sacado el lecho y las cortinas; un piso burgués, espeso de literatura, y donde se reunía todas las tardes la pequeña guerrilla de artistas que siguen a Baudelaire, cultivando Poe y el "haschich" (Los Goncourt, el viernes 19 de enero de 1886).

¡Reuniones de colegiales los días lluviosos, de lluvia o de lágrimas! Teatro de papel de periódico, cuyos temblores producen un ruido terrible como el del viento los peores días de otoño.

En este momento, que es el mejor para los resúmenes, y en el que por eso no está de más resucitar cualquier tema, hay que volver a mirar a Baudelaire con estos ojos nuevos que tenemos para las cosas. Además, ahora es cuando se acaba de insinuar lo de su madre y otros antecedentes de familia, y ahora es cuando han pasado a ser del dominio público sus obras, y por eso no hay editor que no las imprima.

Leyendo ahora las críticas en que se ha hablado de él, parece que se refieren a otro escritor y a otros libros mucho más pecaminosos. Él nos resulta sencillo; sencillo en relación con las complicaciones y rimbombancias del pasado, y sencillo en relación con estas nuevas complicaciones, que está siempre haciendo como algo peor que la retórica, algo así como la retórica invertida. Baudelaire fue uno de los pocos hombres que no lucieron en su corbata el alfiler de herradura con brillantes de la retórica.

Descontando de su fisonomía ese rictus con que se pliegan sus labios, y que fue una cosa irremediable, fatal y hereditaria, se ve mejor esa lágrima perpetua que hay en sus ojos y que tiene porque siente detrás de su pensamiento y de su alegría de creador la garrapata de la enfermedad hereditaria que le aprieta y le constriñe. "¡Qué alegría si no tuviese *eso* detrás de mí en el pobre encéfalo!", parece que dice su rostro de hijo de una dinastía antigua y legítima, verdadero hijo de ella, porque quizá la mayor garantía de legitimidad, de haber pasado por el mundo en una continua sucesión de experiencias excesivas, es ese rictus que, aunque cuesta muy caro, parece que retiene en su pliegue imperioso y constante el pensamiento, un pensamiento más dominado y menos efímero y frívolo que el de los demás.

¡Qué hallado sigue todo lo que él ha hallado! Se ve que todo lo elevó, sin que perdiese la realidad y la concreción. Es enteramente igual a lo que creó lo que sigue creado por él, y planteo esta idea porque generalmente hay tales variaciones en el texto de los demás, que se vacían, se resecan, se hacen polvo sus palabras, aunque aparentemente continúen idénticas en la expresión.

En esta época de reacción hacia tipos tan ambiguos, dudosos y como inciertos, él se acrecienta y sigue siendo algo cierto que oponerles.

Lo mira todo como si todo le engañase y como si cada cosa entrañase un peligro. Mira al objetivo del aparato

9

fotográfico y lo mira como si mirase lo profundo, un escondite más de la muerte. En esa hermosa fotografía de Nadar, en cuya original "pose" se le ve como en ningún otro retrato, con su boca compungida, de plegadura desdeñosa a la par que amargada y como si contuviese un puchero de esos que se hacen con la boca antes de llorar. Contiene otra mueca más dolorosa y descompuesta con esa mueca contenida que domina a la boca resabiada a la que, sin esa dominación de la expresión que representa, quizá hasta le hubiese salido una sonrisa depravada, enloquecida y absurda. Aprieta en su boca la pastilla del dolor.

Con algo de facha de gran hombre presidiario de un presidio de Norteamérica o del presidio de Tolón, el que soporta sentencia más abrumadora, medio sentenciado a muerte, medio sentenciado a la locura, medio sentenciado al suplicio moral; y todo ¿por qué delito? Por ninguno: por el estigma hereditario que viene de Adán, estigma refinado y depurado a través de las edades, estigma que, de tan perfeccionado como se dio en él, resultó tan perfeccionado como lo perfecto sin estigmatismo, por eso de que los extremos se tocan.

No se necesitan grandes cosas en la vida. La perfección de nuestro destino no está en ningún exceso de perfección; esta en mirar la vida como la miró Baudelaire y como aún la mira en sus retratos.

¡No es nada tener esa mirada! Con ella, todo lo que se mira es más esencial propiedad de uno que lo es del propietario que tiene la propiedad tonta.

Gracias a que su paladar fue tan humano, gracias a que supo a lo que sabía todo vino, el vino del solitario y el vino de los amantes, bebe ahora tranquilo y sin su rictus fatal el vino de la inmortalidad, que es un vino añejo con millones de años de depuración.

Baudelaire fue el hombre perseguido y obligado a decir el secreto de su alma en las peores condiciones. Sin eso no hubiera cantado su palinodia. Él necesitaba los cilicios como estímulo. Por eso buscó a la negra Duval.

Baudelaire es el ser superior hecho para crear un solo fruto maduro y alrededor de él languidecer, envejecer, desvariar, llevar una vida lamentable. Sus "Flores del Mal" son ese gran fruto, el fruto agriado, la última manzana verdadera y auténtica del árbol de la Ciencia del Bien y del Mal.

Con su gesto de Osvaldo que algún día intentara pedir el sol, con la ambición desquiciada, con la boca sospechosamente sumida siempre, tiene la mirada que goza de la perfecta lucidez, aunque se consuma atrozmente en esa misma lucidez. Es el rostro del sapo que ve el secreto de la creación, su dudoso buen gusto, su dudosa justicia, su dudosa belleza, su mezquina verdad.

Ese gran descontento que es Baudelaire, sobre todo mérito de inventiva o de imaginación tiene el mérito de su precisión, de cómo distribuye la verdad de la vida en hemistiquios de una gran perfección, encontrando la frase que consuela de no encontrar otros desahogos en la vida. Son como los órganos de la verdad y del ensueño cada uno de sus versos, y aunque todos no sean sonetos, todos tienen perfección y aurritmia de sonetos. Esa parquedad y ese tino de Baudelaire, ese decir de prisa, de una vez y para siempre, su aprecio por la vida, ese saberse plantar con videncia y serenidad ante las mujeres desnudas que perturban el evidente sentido del mundo, es lo que le caracteriza.

Con aquella mirada de un ojo franco y el otro receloso, detrás de la maleza de su ceja, emboscado con desconfianza para ver llegar las cosas desde lejos, Baudelaire tiene una personalidad que no siendo muy amplia, pero sí muy firme y muy singular, nadie ha sobrepasado, porque las obras caudalosas pierden esa bohemia perfecta que deben tener, por largas que sean, y porque todos se venden al público mediocre y cerdil, y porque todos de alguna manera se vuelven corteses y profesionales. Lo que se necesita es hallar una obra tan pura y tan solitaria en un hombre menos enfermo, menos malogrado, menos senil, menos ruinoso. ¡Ah, pero eso, a lo que parece que puede concursar todo el mundo, no lo alcanza nadie, aunque su obra esté llena de pretensiones, de ínfulas, de tono, de críticas de sus conterráneos; y la prueba es que hace un siglo que nació Baudelaire y no ha habido nadie que se la asemeje ni le aventaje, siendo tan fácil! ¡Tan enteramente fácil!

Fue Baudelaire, además, el pobre fraile preocupado, desesperado, contrito.

El mismo equivocado proceso en que se envolvió a Barbey por sus "Diabólicas" y en que se le hubiera metido por el "Cura casado" si se hubiese hecho caso de las viejas, es el proceso que se intenta contra "Las flores del Mal", de Baudelaire!

¡Qué poca fantasía para volver del revés perverso las cosas! ¿Pero no veían que lo que hubiese estado bien hubiera sido titular "Flores del Bien" a "Las flores del Mal"?

"Miraba la vida –se ha dicho de él– con una pasión desenfrenada, que tendía a transformar árboles, flores, mujeres, el universo entero y el mismo arte en algo pernicioso."

¿Por qué ese temor del pecado?

El pobre Baudelaire tachaba de malas sus pobres flores humanas, nada más que humanas.

Era como un exorcismo para sus diablos tutelares, como una confesión en la plaza pública de sus pecados.

13

Estaba asustado Baudelaire por sus perseguidores constantes, los que seguían sus pasos por las calles sin gente.

El casi no hizo más, y le bastó, que sus *Flores del Mal*.

Hay pocos realmente que adquieran una gran dignidad que llevar con prosopopeya por todos lados con una sola obra. Él lo consiguió. Todos tenían que temer su sonrisa y admirar su mirada.

Se hizo con ese libro algo así como un traje de levita eterno. Sus poemas cantan en todos y le preceden en todas partes y evitan que se hable mal de él cuando se va, porque queda vibrando a sus espaldas su última estrofa viva.

Hizo las piezas de música invariables para las cajas de música interiores. No puede ponerse en esas cajas nada que resista tan bien la repetición constante, el dar cuerda perpetuamente a los mismos versos. Para resistir eso, se tiene que ser un Baudelaire y haber hecho este libro, ni dulce ni acre, casi sin ningún significado sobre si, aunque después se le haya querido abrumar a significaciones.

> *¡Soy un vampiro hasta morir!*
> *¡Soy como un gran abandonado,*
> *a risa eterna condenado*
> *y que no puedo sonreír!*

Es sobria su desesperación. La pasea con serenidad, posee el verbo, y así la domina y la desarma.

14

Si no nos resistiésemos a hacer las mismas reflexiones, sería el mismo cruento dolor. Podríamos entrar en sus lamentaciones si no tuviésemos toda nuestra resignación.

Con esto se ve que sólo utilizo su dolor en los mimos contrarios y envenenados con que le ofendía la vida.

Su vena ha sido, pues, la del dolor hastiado, aunque se haya dicho que Baudelaire utilizaba la sorpresa en artes, que su estética era la "sorpresa".

Algo hay de eso; no es por completo eso su poesía, aunque el crítico se empeñe, pues los críticos que tienen el hallazgo de una palabra no saben colocarla en su sitio en la crítica de que se trata, sino que quieren que suplante la totalidad de la crítica ese rasgo suelto, digna parte del todo, pero nada más.

Baudelaire fue lo que se puede ser de más principal: un "poeta nuevo", lo más difícil entre lo difícil, algo así como encontrar un nuevo metal. Baudelaire es como un gran invento de esos que hay que prender en el árbol genealógico de la ciencia, donde está constatada la hora del invento de la brújula y la hora del hallazgo del radio.

Era el hombre original y diferenciado; y lo importante no es decir lo verdadero, sino lo nuevo que se sostenga de algún modo en la comprensión, pues siempre hay que comprenderlo de alguna manera todo. Esa nota que ante todo diferenciaba a Baudelaire es que, como dice Banville, "de todos los artistas modernos del verso, el autor de *Las flores del Mal* es el único que no ha debido nada al autor de *La leyenda de los siglos*". Ese no parecerse a Victor Hugo era algo extraordinario en aquel tiempo, pues significaba haber hecho un gran silencio en uno mismo y haber comenzado con otro tono cuando lo que más servil hace es seguir el tono del hombre glorioso.

Con su novedad y su libertad constituyó su verso ático, original y verdadero.

"¡Expresar con libertad lo que es del dominio de las costumbres! –decía Apollinaire en una nota referente a Baudelaire–. No se conoce una valentía mayor en un escritor.

Choderlos de Laclos se aplicó a eso por primera vez con una precisión verdaderamente matemática.

1782 es la fecha memorable de la publicación de las *Liaisons dangereuses*, en las que el oficial de Artillería intentó aplicar a las costumbres las reglas de la triangulación, que sirven tanto a los artilleros como a los astrónomos.

¡Gran contraste! La vida infinita que gravita en el firmamento obedece a las mismas leyes que la Artillería, destinada por los hombres a sembrar la muerte.

De las medidas angulares calculadas por Laclos nació el espíritu literario moderno.

"Fue en eso donde descubrió sus primeros elementos Baudelaire, un explorador razonable y refinado de la vida antigua, pero cuyos puntos de vista sobre la vida moderna implican cierta locura."

Apollinaire, hecho sibila de sus contemporáneos y sin despreciar lo que de despreciable había en toda categoría concedida por los contemporáneos, quiso escatimar las cosas, desviarlas, hacerlas proceder de raíces un poco disparatadas. Así, esta opinión sobre Baudelaire es errónea.

Baudelaire procede de la música rítmica francesa y, más esencialmente, de algo que sus biógrafos no han subrayado lo bastante, y es que vive en Dijon una larga temporada.

Vive en Dijon una larga temporada. Esto es muy importante. ¿Y por qué es muy importante el que haya vivido en Dijon?

Yo, que he estado en Dijon y que he escrito una biografía apasionada del admirable Aloysius Bertrand, comprendo cómo en Dijon se saturó Baudelaire del nativo ambiente de ese *Gaspar de la Nuit*, que es más que nada el sincero producto de las sombras nocturnas de Dijon.

En Dijon, indudablemente, fue donde sintió Baudelaire ese poema en prosa que había iniciado Bertrand y que él reconoce con nobleza.

Basta, quizá, que Baudelaire se iniciase en el dominio del mundo que creó Bertrand gracias al símbolo. Sólo con partir de esta frase del gran Aloysius: "La estalactita destila con lentitud la eterna gota de agua de la clepsidra de los siglos", se va bien encaminado.

Si su novedad procede de algún lado, no sólo en los poemas en prosa –como él confiesa–, sino en toda su obra, es de esa elegancia suprema, de esa finura exquisita, de esa pureza sobria que caracterizaron a Aloysius, el más grande de los artistas humanos. Así.

Baudelaire vivía aún en una época oscura. Esto hay que tenerlo en cuenta. El único que era alguien entre los hombres pasaba aún por la sombra espesa de las calles de su siglo, otras calles, aunque parezcan las mismas, y lo sean, que las de nuestro siglo.

Así, no se pueden achacar a Baudelaire faltas que son de su tiempo. Hay que tener en cuenta las cosas a que esta inmediato. Así, si él fue un wagneriano, esto no demuestra sino el tiempo en que vivió.

En una carta a Champfleury dice: "Si ve usted a Wagner antes que yo, dígale que será para mí un gran honor estrechar la mano de un hombre de genio, insultado por todo el populacho de espíritus frívolos."

"Cuando Baudelaire ha defendido a Wagner –dice Jean Cocteau en su admirable *Le coq et l'arlequin*–, hacía oposición aristocrática'; no era posible otra actitud. La única cosa que se puede decir es que es lastimoso que ciertas épocas puedan colocar a sus grandes hombres en mala postura."

Todo lo que divisó en el mundo de aristocrático y de verdadero lo aceptó en seguida. Presidió el mundo durante su vida.

"Él ha encontrado –dice Laforgue– el maullido, el maullido nocturno, singular, lánguido, desesperado, exasperado, infinitamente solitario."

"Ni gran corazón ni gran espíritu. ¡Pero qué nervios más lastimeros! ¡Qué nariz abierta a todo! ¡Qué voz mágica!", escribe también Laforgue un poco injustamente, pues si en sus juicios tiene grandes méritos de espontaneidad, cuando resume como un Brunetière, se equivoca como un Brunetière. ¿Por qué sacar la consecuencia y la sentencia cuando Laforgue era de suyo inconsecuente e insentencioso?

Baudelaire fue un gran corazón en el sentido máximo que corazón haya podido tener, y un gran espíritu porque es espiritual dominar la especulación y hacer filigranas con los nervios díscolos y discordes...

"Es el primero que rompe con el público", ha dicho también Laforgue, que más allá dice: "Hacer poesías sueltas y cortas, sin tema apreciable (como los otros, que hacían un soneto para contar cualquier cosa poéticamente, defender un tópico, etc.), pero vagas y sin razón como el moverse de un abanico, efímeras y equívocas como un "maquillage", que hacen decir al burgués que acaba de leer: "¿Y después?"..., se sufre, se tiene la locura de la cruz, se encarniza uno con su propia carne, y por otro lado, la belleza nos mira con piedad; a nosotros, criaturas efímeras y atormentadas con sus grandes rasgos de Belleza; es decir, Lo Que No Cambia Nunca; es decir, la Eternidad, el Silencio."

"La Belleza es el Silencio eterno; todo nuestro ruido de pasiones, de discusiones, de tormentas, de arte, es para, gracias al ruido, hacernos creer que el "Silencio no existe". Pero cuando nosotros recaemos  hastiados le sentimos surgir por todos lados y nos ponemos más tristes, haciéndonos fuertes más que para el ruido eterno, para el Silencio eternal... hasta que, agotados, el Silencio nos pasa por encima –como el océano se cierra sobre el agujero que hace un navío león, o el espacio sobre nuestro planeta."

Baudelaire era frente a la gran prostituta lo que se podría llamar el gran prostituto, con todos sus temores, sus temeridades, sus maldades y sus escapularios de ensangrentado reverso.

Estaba asustado de la vida, aun aparentando valentía y desconfiando de todo, siendo suya esta idea, que él refiere a Emerson: "Cuando un hombre cae enfermo en la cama, sus amigos sienten un deseo secreto de verle morir: unos, para comprobar que tenía una salud inferior a la de ellos, y otros, con la esperanza desinteresada de estudiar una agonía."

"Es inútil explicar, sea lo que sea, a quienquiera que sea", decía él desengañado, convencido de la bestialidad del mundo, la bestialidad "con frente de toro".

De la mujer tenía el mismo parecer, pero encontraba que además de gozar en el sexo complementario y afín, había en dedicarse a ella la sensación del contraste, la devolución de uno mismo. "Me ha asombrado siempre –decía él– que se deje entrar a las mujeres en las iglesias. ¿Qué conversación pueden tener con Dios?"

Influyó mucho la religión cristiana en Baudelaire, aunque haya dicho: "Cuando esté absolutamente solo buscaré una religión (tibetana o japonesa), pues desprecio demasiado el Corán, y en el momento de mi muerte abjuraré esta última religión, para manifestar así mi repugnancia por la estupidez universal."

Aunque nos agrade esta independencia suya, que es el centro de su talento, tenemos que comprender que fue como un poseído.

Cree en el pecado original y, como dice Rodenbach en *L'élite*, "es el denunciador del pecado", y como Barbey, Hello, Villiers, Huysmans, Verlaine y Bloy, es de los que "han reivindicado su catolicismo blasfemando a título de creyentes y han tenido siempre el arte, en sus prácticas más fervientes, de ensayarse en el sacrilegio".

"San Pedro ha negado a Jesús... y ha hecho bien", dice Baudelaire.

Flaubert escribió a Baudelaire: "Usted canta la carne sin amarla, de una manera triste y desprendida, que me es simpática."

Con todos estos antecedentes, ¿quién fue, en resumidas cuentas, Baudelaire?

Quizá uno de esos grandes franceses que salen actores de la tragedia de la vida; y como son actores de la tragedia y la tragedia está muy mal escrita, escriben de nuevo la tragedia. ¡Gran actor dramático de las calles y de las casas!

Quería conseguir el mundo con una frase, matarlo con un pensamiento, elevarlo con un concepto.

Maurice Barrés ha dicho de Baudelaire: "Mientras Benjamin Constant, para emocionarse, tenía necesidad de desear el poder y el amor; mientras Sainte-Beuve no es lo que es más que por sus desgracias con las jóvenes, Baudelaire llega a tocar a Dios por el solo efecto de su sensibilidad, por motivos abstractos y sin intervención del mundo exterior."

El mismo Barrés también le llamó: "Este gentilhombre desgraciado."

Todos tenemos que engañar nuestro hastío y elevarlo a diversión y a conformidad.

Su gran deseo de grandes placeres, de grandes consideraciones que no puede dar la vida, es lo que más le dañó.

Vaya viéndose que toda aquella manía de grandezas que tuvo el hombre debe ser abolida, porque si no les costará a los hombres –les costó más que nada a él y a "ellos"– el pesimismo, la melancolía, el gesto, que aunque se eleve en una sonrisa, cae poco a poco de nuevo en su mueca mustia y retorcida hacia abajo.

En vez de encontrar la severa tranquilidad del burgués genial que han sabido encontrar casi todos los grandes tipos de Francia, él hace perder el equilibrio a esa saciedad inteligente y bien tenida que pudo haber en su situación.

Lo que se nota es que Baudelaire se queda solo, abandonado, exaltado en medio de la vida y de los poetas.

Es tan breve la verdad de la vida y tan elemental, que no puede imaginarse por qué no hay al mismo tiempo tan poca y tanta imaginación como necesita el grande hombre para poderla definir.

Baudelaire acertó con las medidas.

No fue una deformación la suya, ni un artificio; sus flores no son, de ninguna manera, artificiales ni pintadas: son largas, mandrágoras, fálicas, auténticas.

Tiene la mirada, el plante de los bucranios naturales y topa con la vida con ese equilibrio, con ese tesón, con esa fuerza que hasta sostiene su empuje durante un momento, con que un carnero contiene al otro carnero, los dos suspendidos en el aire, rebeldes a dejarse escapar ni a ladearse, fieros en su dominación.

Baudelaire vio de arriba abajo la figura humana y la mujer desnuda como proyectándose en el fondo de la figura humana.

Es como un médico de hospital de aspecto misantrópico. Sentado en su mesa, dice sin levantarse de ella a la que entra: "Desnúdese usted", y después de poner el oído sobre su pecho, medio sintiendo la dulzura, medio sintiendo el pitido del pulmón deshecho, le dice: "Ya puede usted vestirse."

Baudelaire resulta incomparable y no se avejenta ni se le puede mezclar a escuelas nuevas para rejuvenecerle. Se quedó permanente y extasiado.

Mira con la mirada acaracolada, traspasadora, que se hunde hasta enterrarse, como un rayo vencido y gastado, en la tierra, en la fosa siempre.

Tiene su cabeza la pesadumbre de esa piedra de catedral que pesa sobre el fraile. La piedra del temor de Dios le aplasta la cabeza como a los bueyes el peso de todo el carro.

Que no se ponga al lado de Baudelaire nadie. No está para bromas Baudelaire. Se iba demasiado solo a su casa y vivía demasiado solo con la mujer lo bastante bestial. Es difícil encontrar el equilibrio, el descreimiento y la sensatez en la mujer que intenta subir la escala ascendente, esa escala que no es necesario que alcance. Es tan difícil como encontrarla bastante bestial, con cierto perfil que la justifique, como el de la negra Duval.

El contraste de la vejez de su padre, experimentado, bondadoso, artista, y la juventud alocada, risueña, aturdida, de su madre, es el precipitado que produce *Las flores del Mal*. De los dos metales diferentes que se funden en su cerebro brota esa extraña composición que es su obra de arte, admirable y enternecedora para todos, pero para él causa de martirio, pues los dos metales, aún fundidos, están irritados, en ignición, ebullicientes, disociados, en ruda contraposición, en perpetua e invencible paradoja. Esa espantosa deformación que sufren las células nerviosas con la rabia la sufre él por causa de su contrastante gestación, y por eso brota en él esa especie de flemático *delirium tremens* y de serena rabia poética que es su libro maravilloso.

Baudelaire desconfía del mundo, lo comprende y, sin embargo, sufre su seducción porque ve que no hay otra cosa como el mundo. Ésa es su lucha, ésa es la batalla de su contemplación.

25

Vida de penado, de sentenciado, de gran atacado por el herpético de las ideas abrumadoras y azogadas, es la suya. En su cabeza hay un centelleo constante.

¡Qué gran espiritamiento del ser supone la obra de Baudelaire! En el gran matraz de su cabeza se hace la combinación de los elementos de su obra y padece maceración su propio cerebro. Para producirse esa salsa química, exaltante y formidable, hubo que majar su mente y que destilarla y que filtrarla, hasta dejar en su cráneo sólo el detrito inservible de un cerebro apurado hasta el límite en la obra de arte. Por eso Baudelaire acaba loco y haciendo con las manos sobre los ojos los gestos imprecisos del niño.

Baudelaire tenía el encanto del arte, aunque tuviese el pesimismo de la vida. No era de esos escritores desagradables que tienen el pesimismo de la vida y el pesimismo del arte.

Baudelaire vivió sus cuarenta y seis años completando la silueta del hombre maduro. No podía ser viejo ni pudo ser juvenil; tenía que caer en una sola tarde al llegar a la madurez. El pájaro de la muerte, al que le gustan los frutos más maduros y que solo cuando no los encuentra se aprovecha de los otros, saboreó durante algunos meses, con el pico corvo clavado en la cabeza del poeta, de un modo imposible de arrancar, la dulzura, la amargura, la alquitarada esencia del maduro Baudelaire, en un punto de madurez que ningún otro hombre ha sabido conseguir, como no sea en las lenguas desusadas y primitivas.

He aquí algo del concepto general de este hombre desconcertante y enfermo, que supo condensar el dolor, la decepción y el cansancio, en la frase y en el verso, en una cristalización como de siglos en la corta tregua de su vida.

***

Carlos Pedro Baudelaire nació el 9 de abril de 1821, en París y en el número 13 de la calle de Hautefeuille, casa que fue demolida al abrirse el bulevar de Saint-Germain.

Hijo de Santiago Francisco Baudelaire y de Carolina Dufays. Su padre, enamorado de las ideas revolucionarias, era el amigo de Condorcet, Cabanis, Helvetius; amigo de las bellas artes, pintaba cuadros del género seudoclásico, y fue preceptor de los hijos del duque de Praslin –no siendo su discípulo el célebre Praslin, que mato a su esposa, sino el padre de ése–, viviendo en plena fiesta y siempre con carruajes a su disposición.

Al nacer el poeta, aquel dulce señor tenía sesenta y dos años, mientras la madre sólo tenía veintisiete. Ella ha indicado que fue él el que dio el veneno a su amigo Condorcert, que así se salvó de ir al cadalso. Nombrado secretario conservador del Senado, vive en el gran Luxemburgo; y la que había de ser su esposa, y que cena allí a veces con la familia de su tutor, siente el gran placer de correr por el Jardín del Luxemburgo cuando ya no había nadie, después de sonar la "retraite".

Baudelaire, sin padre a los seis años, conserva de él un recuerdo cariñoso, un cuadrito a la "gouache" que recuerda sus aficiones a pintar y la afición a contemplar con pasión las imágenes, aquellas imágenes que le señalaba en los paseos por el Luxemburgo, explicándole las estatuas.

Baudelaire hace el resumen de su infancia de este modo: "Viejo mobiliario Luis XVI, antigüedades, Consulado, dibujos al pastel, sociedad del siglo XVIII." También le quedan de su padre otros cuadritos, que el poeta tenía colgados en su alcoba. Uno, un cuadro antiguo, en el que hay un San Antonio que se defiende contra la idea de la tentación cerca de una cruz; y el otro, un cuadro que pintó su padre para hacer "pendant" a ése, y en el que colocó, en lugar del santo, una bacante con un tirso en lugar de la cruz de San Antonio, y la rodeó de amores en vez de ángeles. ¡Ah! Entre esos dos cuadros estuvo el poeta siempre hiperbólica y materialmente.

Su madre, al año que siguió a la muerte de su primer marido (8 de noviembre de 1828), se casó con un jefe de ejército, al que se le auguraba un gran porvenir; caballero de San Luis, oficial de la Legión de Honor y ayuda de campo del príncipe de Hohenlohe.

Con lo que le pareció esta gran ingratitud de la nueva boda de su madre –el hijo, en esas bodas, resulta el esposo que sorprende al amante– inventa Baudelaire una historia, que contaba a sus amigos, y según la cual él, la noche de la boda, se había apoderado de la llave de la alcoba nupcial y la había arrojado a un estanque público, deleitándose con la idea del cerrajero llamado para forzar la cerradura, la impaciencia amorosa de su padrastro y los probables remordimientos de su madre.

Como cuando se escribe la biografía del grande hombre se le sabe muerto, como impresión de fondo que domina su biografía y, sin embargo de eso, la descompone, es en este sitio donde va bien la carta sensata, sincera, reconstructora, que sólo mucho después de la muerte de "su Carlos" escribió madame Aupick a Asselineau:

"Para responder a lo que usted me pide con respecto al viaje de Carlos, he aquí lo que puedo decirle:

Ante todo, es necesario que sepan que mi marido, el general Aupick, adoraba a Carlos. Cuando era niño, él se ocupó personalmente de su educación al dar con una inteligencia tan bella, un espíritu tan curioso, tan estudioso, que le sorprendía y le hacía interesarse por él cada día más. Cuando llegaron los éxitos del colegio de Luis el Grande y terminó sus estudios, tuvo los más dorados sueños sobre el porvenir de Carlos: hubiera querido verle ascender hasta la más alta posición social, lo que no hubiera sido irrealizable, siendo él amigo del duque de Orléans. ¡Pero qué estupefacción para nosotros cuando Carlos se resistió a que se le favoreciese y quiso volar por sus propias alas y ser autor! ¡Qué desencanto en nuestra vida interior, tan dichosa hasta entonces! ¡Qué dolor! Nosotros tuvimos entonces el pensamiento, para dar otro curso a sus ideas, y sobre todo para que rompiese con algunas malas amistades, de que viajase."

En otra carta habla esta madre, que cuida, como si él fuese otra vez niño, la memoria del muerto, de cómo Baudelaire, en las primeras obras, usó el apellido Dufays después de su nombre, en honor de su madre; y también habla de "M. de Baudelaire, del que he conservado un dulce recuerdo, aun con la vida espléndida a que me llevó el general después de él, con un afecto muy vivo que no desmintió jamás durante los treinta años que vivimos juntos..." "M. Baudelaire era un hombre muy distinguido, desde todos dos aspectos, de modales exquisitos y aristocráticos." "Si el padre Baudelaire hubiera visto crecer a su hijo, no se hubiera opuesto, indudablemente, a su vocación de escritor, puesto que era muy apasionado por la literatura y tenía un gusto tan puro..." "Él se hubiera sentido orgullo de verle seguir esa carrera, aun con todas las obligaciones y todas las torturas que le son inherentes, y que Théo Gautier ha descrito tan bien. ¡Oh! ¡Qué verdad es todo lo que dice! Mi pobre niño ha sido el mármol de su alta inteligencia."

"Cuando yo vine a pasar dos meses en París, entre nuestras dos embajadas de Constantinopla y Madrid –en 1851 estuvo en Madrid madame Aupick–, ¡en qué estado le encontré! ¡Qué abandono! ¡Y yo, su madre, con tanto amor en el corazón y tan buena voluntad para él, no pude arrancarlo a su vida...! No tengo que reprocharme, como algunos padres cuyos hijos se malogran por no dejarse guiar por ellos, que viendo sus desgracias, y ante su desgracia, tiene la barbarie de decir: "Yo lo había predicho. ¡Si me hubiera escuchado!" , y otras tonterías parecidas, tan crueles como impías. Después de haber luchado vivamente con su vocación, desde el momento que él publicó algo, cambié de lenguaje y, quizá sin darme cuenta, de opinión, estimulándole y animándole siempre cuanto he podido. Pero ¿tenía necesidad de eso?"

¿Por qué no revelar también en este momento lo que sólo hemos descubierto en sus "Cartas inéditas", publicadas hace poco, después de toda biografía? Es ahora cuando siente lo que luego sólo recuerda. Coloquemos aquí esa carta a su madre, cometiendo un anacronismo lógico,

lógico como no lo es casi nunca la cronicidad. En ella dice:

"... ¡Quién sabe si podré abrirte una vez mi alma, "que tú no has apreciado ni conocido jamás""!

Ha habido en mi infancia una época de amor apasionado por ti; escucha y lee sin temor. Yo no te he dicho tanto jamás. Me acuerdo de un paseo en coche; tú salías de una casa de salud, donde habías sido encerrada, y me mostraste, para probarme que habías pensado en tu hijo, unos dibujos a la pluma que habías hecho para mí. ¿No te parece que tengo una memoria terrible? Más tarde, en la plaza de Saint-André-des-Arts y Neuilly. ¡Largos paseos, ternuras perpetuas! Me acuerdo que los muelles estaban muy tristes al atardecer. ¡Ah! Este fue para mí el buen tiempo de las ternuras maternales. Perdóname por llamar "buen" tiempo a aquél, que ha sido, sin duda, tan malo para ti. Pero yo he vivido siempre en ti; tú existías sólo para mí. Tú eras al mismo tiempo mi ídolo y mi camarada. Quizá te sorprenda esto. Quizá es a causa de que he sentido una vez más el deseo de la muerte por lo que las cosas antiguas se pintan tan vivamente en mi espíritu.

Más tarde, tú sabes qué atroz educación me ha querido dar tu marido; ya tengo cuarenta años y, sin embargo, no pienso en los colegios sin dolor, así como en el miedo que mi padrastro me inspiraba. Le quise, sin embargo, y desde entonces acá he adquirido la bastante sabiduría para hacerle justicia. Pero, en fin, él fue obstinadamente torpe. Y quiero pasar de esta cuestión porque tengo lágrimas en los ojos."

¡Hermoso corazón, que dice la verdad cuando ya no es tiempo de que le resarzan por ella!

En 1830 pasa al colegio de Lyon. "Golpes, luchas con los profesores y los camaradas, abrumadoras melancolías", según resume.

Solitario, alejado de todo, ya que tenía una sensibilidad que no podía aguantar a los demás, además de la gran dignidad de su alma, que era solitaria por naturaleza.

"Siendo niños –escribe– han poseído mi corazón dos sentimientos contradictorios: el horror a la vida y el éxtasis de la vida."

La vida del colegio no es tan interesante, aunque los biógrafos la retraten y sus condiscípulos hayan aportado datos. No está uno en esas vidas de colegio, aunque ya se esté en el mundo. No se es, en definitiva, nada, aunque ya se sea definitivamente el que se ha de ser. No prueban nada, no debe ser escuchado su relato.

Por fin, en 1839, sale del colegio, antes del final de curso, expulsado –según escribe en su autobiografía–, pero sin que se sepan los motivos, aunque aquí se indique también la pérfida reticencia que a veces de verdad y otras veces falsamente compromete a los escritores. La verdad era que él reclamaba otros horizontes que no fuesen

> ... *el cielo cuadrado de las soledades,*
> *en que el niño bebe diez años la áspera leche*
> *[de los estudios.*

En este momento se piensa en darle carrera. Su padrastro, ya mariscal de campo, quiere que sea diplomático; pero Baudelaire se niega a ello y dice que solo quiere dedicarse a la literatura, viviendo durante cerca de tres años –distanciado como siempre de su padrastro, rígido, militar, sin afecto para él– una vida de bohemio y de "dandy" en el barrio Latino, escribiendo sus primeras cosas. Entre sus amigos de entonces están Octavio Feuillet, Luis Menard, Leconte de Lisle, Gerardo de Nerval y Balzac.

Entre todos esos amigos, al que Baudelaire visitaba más era Menard, cuyo desván, en la plaza de la Sorbona, se ha hecho célebre por su amasijo de cosas, ya que su inquilino era "helenista acérrimo, pintor de paisajes, poeta, alquimista, mistagogo y cazador de serpientes"; bustos, estatuas, bosquejos, bajorrelieves, hornos, matraces, tubos en forma de trombón, redomas con sedimentos de oro y de diamantes y un armario nauseabundo, a pesar de tener cristales, donde estaban depositados en alcohol los batracios inverosímiles, los lagartos gigantescos y las víboras escogidas y asesinadas en Fontainebleau.

Baudelaire se entrega por completo a su vida de callejeador, haciendo el preparatorio de su fama. Es la hora de los silencios y los juramentos en las discusiones; es la hora de las sátiras y de conocer por osadía y fe a los grandes hombres condescendientes como Balzac, con el que se encuentra de frente en la ribera derecha del Sena. Baudelaire se para ante Balzac y comienza a reír como si le conociese de siempre. Balzac, parado también, respondió con una franca risa, como ante un amigo al que se vuelve a encontrar al cabo del tiempo; y así, después de haberse conocido al primer golpe de vista, siguieron el paseo juntos, discutiendo, encantado el uno con el otro.

Hecho un "dandy", está su recuerdo más vivo en esta nota de Parond: "Aún le veo bajando la escalera de la casa Bailly, delgado, el cuello holgado, un chaleco muy largo, los puños de su camisa nítidos, llevando en la mano una fina caña con puño de oro y andando un paso ligero sereno, casi rítmico."

De este momento son sus versos, de una inspiración truculenta, en que cuenta sus amores con una zarrapastrosa, a la que colma de insultantes "bellezas". Como refiriéndose a esa mujer, hay una nota de su amigo Parond, en que dice: "Antes de la india (se refiere a la Duval) tuvo una querida judía, cuyo nombre no sé, aunque me parece que era el de Sara. Baudelaire la llamaba "Louchette". Vivía en la calle de San Antonio. Un día, Baudelaire me llevaba hacia la iglesia de San Luis con pretexto de volver a ver el "Cristo en el huerto de los Olivos", de Delacroix. En el camino se paró para preguntar por mademoiselle Sara a un portero; pero ella estaba ausente."

¿Será a esta mujer a la que después habían de referirse esos versos de "Las flores del Mal" que comienzan:

*Una noche que yo estaba al lado*
*[de una horrible judía...*

Su madre escribe en esta época cartas desesperadas: "Vea usted , señor Ancelle, en qué torturas vivo con respecto a Carlos, puesto que no puedo ocultarme que su posición va empeorándose: y empeora por razón de lo que se prolonga y los años pasan."

Baudelaire, con veinte años cumplidos y una fortuna demasiado pequeña, no había comenzado a asegurar su porvenir. Las discrepancias con su padrastro son cada vez mayores, y un día, herido por las palabras rudas del general ante sus invitados porque Baudelaire dijo algo de mal gusto en la cena, Baudelaire le contesta: "Usted trata de humillarme delante de estas personas de su misma calaña, que aparentan tomar sus tonterías por frases de ingenio y que por cortesía se creen en el deber de aplaudir sus gracias; usted olvida que llevo un nombre que su mujer ha suprimido injustamente y que yo debo hacer respetar. Usted me ha faltado gravemente; eso merece una corrección, y voy a tener el honor de estrangularle." Dicho eso, se arrojó sobre el general, que, desasiéndose de él, le dio dos bofetadas, cayendo entonces al suelo Baudelaire con un ataque nervioso. Por eso estuvo castigado en su cuarto quince días, y ésa fue la causa de que le embarcasen en 1842, siendo acompañado por un oficial hasta el puerto de Burdeos.

Aunque algunos biógrafos duden de esto y digan que fue una sencilla medida del consejo de familia, yo no creo que una medida tan extrema y tan fantástica como enviar a Calcuta a un joven sea un plan de enseñanza estando el interesante resto de Europa alrededor. La carta de la madre, en que dice que el general "era de puerto de mar y creyó que era preferible un viaje por mar que un viaje por tierra", no prueba nada, sino el deseo de mejorar la memoria de Aupick.

Baudelaire parte, pues, para Calcuta a bordo de un barco de vela. Y deja sembradas esas versiones fantásticas de que iba a vender víveres al ejército inglés, y que se paseaba en elefante, hacía versos y vendía bueyes.

Una carta del señor Saur, comandante del barco en que fue Baudelaire, aclara todo lo que pasó en esta ausencia de diez meses. La carta está dirigida al general Aupick, y en ella se disculpa el comandante de tener que devolver su hijo a monsieur Aupick.

Baudelaire se aisló en el barco, y cuando, a veces, hablaba hacía uso de sus máximas descreídas, cosa que le asustó al capitán, pensando en la relación de Baudelaire con los demás jóvenes que llevaba en el barco. El pobre capitán quiso moralizarle; pero el alma de Baudelaire sentía tan grandes razones para sostener su desdén que no le hizo caso.

El haber estado al borde de la muerte por un suceso que no describe el capitán, pero del que dice que no recuerda otro semejante, aumenta la aversión de Baudelaire por el mar, y no deja de insistir en que quiere volverse a París. El capitán le promete en San Mauricio que, si persiste en quererse volver, al llegar a la isla de Bourbon buscaría los medios para que se volviese. En efecto, al llegar a esa isla, y para que no le entre la fatal enfermedad de "la nostalgia", le recomienda al capitán del barco "Alcides" y le devuelve a París.

Ése fue su viaje a Calcuta, adonde no llegó, aunque lo escriba en alguna carta, y del que sólo trajo su hermosa composición "El albatros" y la dedicada "A una dama criolla", que envía a San Mauricio, con la siguiente carta, al marido de la dama: "Mi buen señor Autard de Bragard: Me pidió usted algunos versos para su esposa, y no lo he olvidado. Como es bueno, decente y conveniente que los versos dirigidos a una dama por un joven pasen por las manos de su marido antes de llegar a ella, es a usted a quien se los envío, a fin de que usted se los enseñe si no le parecen mal ", etc.

De cuando en cuando le volveremos a oír hablar de este viaje, describiendo los paisajes con más calor que si los hubiese visto en la realidad.

A los dos meses de volver llegó a la mayoría de edad y se le rindieron cuentas, poniendo a su disposición los 75.000 francos que le correspondía por la herencia de su padre.

Entonces se estableció en el número 10 del muelle de Bethune, en medio del silencio y de la serenidad de aquel barrio, trasladándose después a la calle de Vaneau, hasta establecerse por fin en el hotel Pimodan, donde había de vivir los mejores días de su vida, haciendo vida de artista y de "dandy". "El "dandy " debe aspirar a ser sublime sin interrupción; debe vivir y dormir ante un espejo", ha dicho él.

Banville relata una de sus visitas a ese suntuoso hotel con estas palabras:

"Iba yo a ver a Baudelaire a su domicilio, y, para emplear la pintoresca expresión de Teófilo Gautier, "lo que había secreteado a su alrededor " era la exacta imagen de sí mismo. No recuerdo haber visto nunca una casa que se pareciera más a su propietario. El poeta vivía en la isla de San Luis, en el muelle de Anjou, en ese viejo y célebre hotel Pimodan, magnífico y triste, cuyas pinturas decorativas han sido trasladadas al Louvre.

Había en esta casa habitaciones principescas, especialmente aquella en que el pintor Boissard se enorgullecía, con razón, de tener un piano pintado por Watteau, que había comprado por 1.200 francos, y que hoy sólo podría ser pagado por un Rothschild; pero Baudelaire había elegido una vivienda exigua, con muros muy altos, compuesta de varias habitaciones pequeñitas sin destino especial, y cuyas ventanas dejaban ver el verde y ancho río.

Las paredes estaban cubiertas con un papel glaseado con enormes ramajes rojos y negros, que armonizaban perfectamente con las colgaduras de pesado damasco antiguo. Sobre estos fondos, de una elegancia voluptuosa y severa, animados aquí y allá por la nota leonada de viejos dorados, hallábase colgada, bajo cristales y sin marcos, toda la serie litografiada de los Hamlet de Delacroix, como asimismo una cabeza pintada por Delacroix, y que tenía una expresión insólita, intensa, extraterrestre, representando el Dolor.

Sillones y divanes, los muebles para sentarse, cubiertos con fundas de tela sedosa, eran gigantescos, hechos, según podía creerse, para sugerir idea de una raza de titanes, como esas caballerizas y esos palacios que dejo tras sí, al abandonar la India, Alejandro, rey de Macedonia. Pero lo que sobre todo hubo de sorprenderme fue la mesa, igualmente inmensa, que lo mismo servía para comer que para escribir. Tallada en nogal macizo, era uno de esos muebles de genio que se hallan en el siglo XVII, pero que los carpinteros modernos son incapaces de imitar y de reproducir. En efecto, su óvalo aparecía transformado sin cesar por inflexiones en apariencia caprichosas, pero que, por el contrario, eran el resultado de profundos cálculos. No solamente esta línea, sin cesar ondulante, encantaba por su gracioso capricho, sino que estaba concebida de tal manera, que de cualquier modo que nos sentáramos ante la mesa, el cuerpo se hallaba sostenido, encajado cómodamente y sin rigidez. No creo, sin embargo, que en esta mesa todo el mundo hubiese podido encontrar Las flores del Mal; pero digo que hubiera sido muy difícil escribir en ella cosas comunes y vulgares."

41

Rectificando un poco esa descripción de Banville, dice Asselineau que "el gabinete de trabajo estaba iluminado por una sola ventana, cuyos cristales, hasta los penúltimos inclusive, estaban esmerilados "a fin de no ver más que el cielo", como decía Baudelaire."

A veces creía haber descubierto un Bassan entre los cuadros que le vendía un comerciante que vivía en los bajos del hotel Pimodan, y que le prestó por un valor convenido de 15.000 francos. Uno de los muebles más curiosos que poseía Baudelaire era un lecho de encina oscura, sin pies ni columnas, especie de féretro esculpido, en el cual se acostaba a veces.

¿Qué mujeres fantasmas subieron a esa casa suntuosa y misteriosa? ¿Qué mujeres rebuscaron entre sus papeles y abrieron las grandes alacenas disimuladas en la pared donde guardaba sus libros y sus platos? ¿Qué mujeres rieron frente a los espejos y las paredes en el silencioso hotel Pimodan, de techos altísimos?

Ruidosas noches de insultos, gritos de alegría, xilofonismos de mujeres que sienten el frío de las grandes habitaciones misteriosas que se quieren quedar para siempre en la estación de una hora.

Parece que un día el propietario de la casa se quejó de que hacía un ruido insoportable: "Dispénseme, señor –le dijo a Baudelaire–; pero debo notificarle que durante todas las horas del día y de la noche oímos ruido de muebles, golpes en el suelo y un griterío incesante."

"–No sé, señor, lo que me quiere decir: en mi casa no se hace otra cosa que lo que se suele hacer en casa de las personas honradas –responde Baudelaire–. Parto leña en la sala, arrastro por el suelo a mi querida, y usted sabe bien que eso pasa en casa de todo el mundo y, por tanto, no tiene derecho alguno a importunarme con sus protestas."

Aquella gran casa la tenía Baudelaire para asombrar. Así, un día lleva a un amigo y le pregunta en cada descansillo: "¿Se asombra usted ver una escalera tan suntuosa?"; pero el otro no responde hasta que, ya en la habitación del poeta, donde revoloteaban dos o tres aves nocturnas, al ser interrogado de nuevo por Baudelaire, el invitado responde: "¿Yo? ¡De ninguna manera! ¡Ya he visto esto en casa de Carlos V!"

Algunas opiniones le caracterizan en esta época de elegancia: "Siempre bello, encantador, distinguido –dice Hignard–; un cinturón de terciopelo apretado a la cintura le daba el aspecto de esos jóvenes patricios de Venecia, de los que Ticiano nos ha dejado los retratos. Iba sin sombrero, y me explicó que eso era no solamente una costumbre, sino un "*parti-pris*". Así, con la cabeza desnuda, hasta en los barrios extremos, por muy lejos que estuviese de su casa, le gustaba pasar por un habitante del barrio."

Pero de momento en momento cambia, y en otras descripciones aparece con sombrero de copa, frac negro y chaleco casi cerrado.

En esa época, Baudelaire encargó a un sastre una levita azul con botones de metal, parecida a ésa de Goethe que se ve en las pipas de porcelana que se venden en Alemania. Fue objeto ese levitón de numerosas pruebas, pues entre otras cosas quería Baudelaire poderse meter debajo del cuello los días de tormenta, como un caracol en su concha; y cuando, al fin, llegó a un resultado satisfactorio, Baudelaire, encantado dentro de su traje y sin dejar de mirarse al espejo, le dijo al sastre con indiferencia: "Hágame una docena como éste."

Poco después se paseaba de blusa por el barrio de Saint-Germain; una blusa sobre la que se abrochaba un pantalón negro "con pies" (moda de los escritores en esta época: Balzac, etc.), cuyos "pies" iban metidos en elegantes zapatos a lo Molière.

Su sombrero de copa era de su invención, de alas anchas y desrizadas, muy alto, ancho por abajo y disminuido sabiamente al llegar a lo alto (en el apunte de Manet está bastante bien reproducido).

Diseñaba el sombrero a sus sombrereros, se lo probaba varias veces como un traje y se veía en la sombra, porque la sombra de un sombrero de copa es lo que tiene que estar mejor. Este sombrero sólo era obra de París, pues más tarde, en Bruselas, no pudo hacerse otro igual.

La primera vez que Teófilo Gautier vio a Baudelaire fue en casa de Fernando Boissard, en ese gran salón Luis XIV, recargado de adornos. "Sobre la vasta chimenea –dice Gautier– de mármol de los Pirineos, salpicado de blanco y rojo, se alzaba, a guisa de reloj, un elefante dorado, enjaezado como el elefante de Poro en la batalla pintada por Lebrun, y que soportaba sobre su lomo una torre de guerra, en la cual había una esfera de esmalte con las cifras azules. Los sillones y los canapés eran antiguos y estaban cubiertos de tapicerías con colores desteñidos, representando asuntos de caza por Oudry y Desportes."

En este fondo de palacio era donde se celebraban las sesiones del Club de los "haschichianos".

No fue Baudelaire una víctima del *hachisch*. Como dice Gautier, "aquella felicidad comprada en la farmacia, y que se lleva en el bolsillo del chaleco, le repugnaba". Asistía muy de cuando en cuando a aquellas sesiones en que se reunía su cenáculo para tomar el *dawamesk*.

Balzac asistió a una de esas reuniones, y Baudelaire cuenta de este modo su visita:

"Balzac pensaba indudablemente que no hay mayor vergüenza ni más grande sufrimiento que la abdicación de la voluntad. Una vez le vi en un círculo donde se trataba de los prodigiosos efectos del *hachisch*. Escuchaba y preguntaba con una atención de vivo agrado. Las personas que le hayan conocido hubieran adivinado que estaba seriamente interesado. Pero la idea de pensar, a pesar de sí mismo, le chocaba desagradablemente; presentáronle una porción de *dawamesk*; lo examinó, lo olfateó y lo devolvió sin tocarlo. La lucha entre su curiosidad casi infantil y su repugnancia por la abdicación se transparentaba de un modo patente en su rostro expresivo; el amor a la propia dignidad quedo triunfante. Es difícil, en efecto, imaginarse al teórico de la "voluntad", al gemelo espiritual de Luis Lambert, resignándose a perder aunque solo fuera una parcela de la preciosa sustancia."

Gautier añade a esta referencia de Baudelaire estas palabras:

"Aquella tarde nos encontrábamos en el hotel Pimodan y podemos atestiguar la exactitud de esta pequeña anécdota. Solo añadiremos este detalle, muy característico: al devolver la cucharada de dawamesk que se le había ofrecido, dijo Balzac que la experiencia era inútil y que el *hachisch* estaba seguro de que no ejercería ninguna acción sobre su cerebro. Esto era muy posible. Aquel cerebro potente, donde tronaba la voluntad, fortificado por el estudio, saturado de los aromas sutiles del moca, y que no lograban oscurecer con la más ligera niebla tres botellas

46

del mas capcioso vino de Vouvray, tal vez habría sido capaz de resistir la intoxicación pasajera del cáñamo indio."

Boissard, que era rico, cultivaba muy bien la pintura, la poesía, la música. Su cuadro titulado *Un episodio de la retirada de Rusia* se ha hecho célebre.

Del Baudelaire que figuraba en aquellas reuniones ha hecho un vivo retrato el mismo Gautier con estas palabras:

"Tenía los cabellos cortados muy al rape y del más hermoso negro; estos cabellos formaban puntas regulares sobre la frente, de una deslumbrante blancura, cubriéndola como una especie de casco sarraceno; los ojos, color de tabaco de España, tenían una mirada espiritual, profunda, y de una penetración tal vez demasiado insistente; en cuanto a la boca, poblada de dientes muy blancos, abrigaba, bajo el ligero y sedoso bigote que sombreaba su contorno, sinuosidades móviles, voluptuosas e irónicas como los labios de las figuras pintadas por Leonardo de Vinci; la nariz, fina y delicada, un poco redondeada, cuyas palpitantes ventanillas parecían olfatear vagos perfumes lejanos; un vigoroso hoyuelo acentuaba la barbilla como un retoque final hecho por el estatuario con el pulgar. Las mejillas, cuidadosamente afeitadas, contrastaban, por su reflejo azulado, que aterciopelaban los polvos de arroz, con los matices sonrosados de los pómulos; la garganta, de una elegancia y de una blancura femeninas, aparecía desprendida, llevando un cuello bajo y una corbata estrecha, a cuadros, de madrás de la India."

"Adoraba a los gatos, enamorados como él del perfume –dice Gautier– y a quienes el olor de valeriana hunde en una especie de epilepsia extática. Amaba a estos encantadores animalitos tranquilos, misteriosos y dulces, con estremecimientos eléctricos, y cuya actitud favorita es la postura alongada de las esfinges que parecen haberles transmitido sus secretos; vagan, con aterciopelado paso, por la casa, como los genios del lugar, *genius loci*, o vienen a apelotonarse bajo la mesa, al lado del que escribe, haciendo compañía a su pensamiento y contemplándole desde el fondo de sus pupilas pulverizadas de oro con inteligente ternura y acuicidad de mágica penetración. Diríase que los gatos adivinan la idea que desciende del cerebro a las puntas de la pluma y que, estirando su zarpa, quisieran atraparla al paso. Se complacen en el silencio, el orden y la quietud, y ningún recinto les parece tan agradable como el cuarto de un escritor. Pacientemente esperan que haya concluido su tarea, y van hilando, mientras tanto, su rueca gutural y rítmica, como una especie de acompañamiento en la labor. Con frecuencia pulen con la lengua un trozo enmarañado o despeinado de su piel; porque son limpios, cuidadosos, coquetones y no sufren ninguna irregularidad en su tocado; pero todo esto lo hacen de una manera discreta y calmada, como si tuvieran miedo de importunar o distraer. Sus caricias son tiernas, delicadas, silenciosas, "femeninas", y no tienen nada de la petulancia sonora y grosera que ponen en ella los perros, a los que, sin embargo, consagra toda su simpatía el vulgo. Baudelaire apreciaba, como es natural, todos estos méritos y en más de una ocasión dedicó a los gatos hermosos fragmentos poéticos –*Las flores del Mal* encierran tres– en los que celebra sus cualidades físicas y morales. Otras veces los hace vagar a través de sus composiciones como accesorios típicos. Abundan los gatos en los versos de Baudelaire, como los perros en los cuadros de Paolo Veronese, llegando a constituir como una rúbrica especial. Es preciso añadir que estos hermosos animales, tan prudentes durante el día, tienen un aspecto nocturno misterioso y cabalístico que seducía mucho al poeta. El gato, con sus ojos fosfóricos que le sirven de linternas y las  resplandecientes chispas que saltan de su espalda, se hunde sin miedo en las tinieblas, donde encuentra los fantasmas errantes, las brujas, los alquimistas, los nigrománticos, los resurreccionistas, los amantes, los bribones, los asesinos, las grises patrullas y todas las larvas oscuras que solo se aventuran y trabajan por la noche. El gato parece conocer la última crónica del 'sábado', y frota con delicia su piel en la pierna coja de

Mefistófeles. Sus serenatas bajo el balcón de las gatas, sus amores en los tejados, acompañados de gritos parecidos a los de un niño a quien degüellan, le comunican un aire sensiblemente satánico que, hasta cierto punto, justifica la repugnancia de los espíritus diurnos y prácticos, para quienes no tienen atractivo los misterios del Erebo. Pero un doctor Fausto, en su cuarto atiborrado de libracos y de instrumentos alquimistas, gustará siempre de tener un gato por compañero. El mismo Baudelaire era un gato voluptuoso, zalamero, de maneras aterciopeladas, de paso misterioso, lleno de fuerza en su fina ligereza, fijando sobre las cosas y las personas una mirada de inquietante luz; pero sin perfidia ninguna, y fielmente adicto a aquellos hacia quienes le llevó alguna vez su independiente simpatía."

Baudelaire vagabundeaba con sus amigos. Comía en casa de un comerciante de vinos llamado Duval, en la esquina de la calle de Voltaire y de la plaza del Odéon, y en "La torre de plata", y muchas veces en las afueras.

Baudelaire, que recitaba a veces sus versos a los amigos, no quería publicar aún. A este propósito, tomó como máscara a un tal Privat d'Arglemont, un gran diablo rubio, que era el que recitaba los sonetos de Baudelaire como si fueran suyos y con el que fue una vez a casa de Houssaye para que los publicase en *L'Artiste*, diciéndole con gran cinismo, después que el otro recitó sus sonetos: "Yo también hago sonetos; ¡pero es tan estúpido darlos a conocer! La poesía es una flor rarísima que es necesario respirar, cuidar y enflorar en la religión de la más fiera soledad. La Naturaleza no ha hecho a los poetas para que sean comediantes."

"En esta época tenia dos domicilios –como cuenta Toubiu–: uno en la calle de Seine, el otro en la calle de Babilonia; pero los días de pagar el alquiler venía a pedirme hospitalidad en la casa que yo habitaba con mi hermano, entonces interno de los hospitales y médico de la "Mimi" de Murger... Gran parte de *Las flores del Mal* han sido, si no compuestas, por lo menos puestas en limpio en nuestra casa. Baudelaire componía en el café o en la calle. Sus consumiciones en el café eran vino blanco y no consentía que se le ofreciese otra cosa mejor. Su manera de convidarse a comer era: "–Dígame: ¿tiene hoy algún convidado a comer? – No, Baudelaire. –Pues bien: entonces, yo le haré compañía." Se era recompensado por la cantidad de hombres notables e ilustres que conocía y a los que nos hacía conocer en su casa o en la calle. Yo le debo haber conocido a Preault, a Gautier, a Nerval, etc., y el haber jugado una vez o dos partida de dominó con Frederic Lemaître en el café de la Porte Saint-Martin, donde iban los dos mucho."

Aunque sus finales de trimestre sobre todo eran miserables, los principios de trimestre eran espléndidos, y el día que recibía de madame Aupick los seiscientos francos de su trimestre vencido, que ella le enviaba desde Constantinopla (donde estaba de embajador el general), hacía dos partes: una destinada a pagar algunas deudas y la otra para reunir, en dos o tres comilonas sucesivas en el "Père Lathuille" (Batignolles), entonces restaurante a precios módicos, a aquellos de sus amigos que le habían ayudado más durante la última parte del trimestre vencido.

Parece que Baudelaire en 1843, cuando no había publicado aún ni un verso ni un artículo, fue a visitar* a Victor Hugo, que entonces vivía en la plaza Real. No se entendían aquellos dos hombres, y Hugo le tomó por un enfermo y le aconsejó reposo. Ese consejo desdeñoso y entremetido emuló a Baudelaire, que en su primer trabajo dedicado al Salon de 1845 se metía con Victor Hugo, al que culpaba de haber pervertido a muchos.

Después, Victor Hugo le escribe una carta llena de alabanzas "a propósito de *Las flores del Mal* ".

"Usted –le dice Hugo en otra carta– ha dotado al cielo de un rayo macabro."

Baudelaire vuelve a entrar en casa de Hugo, y ya que no alaba sus versos le alaba sus dibujos, a lo que Hugo contesta: "Estoy muy orgulloso y muy satisfecho de lo que usted piensa de las cosas que yo llamo mis dibujos a la pluma " Otra vez, al recibir su segunda edición de *Las flores del Mal*, donde hay algunos versos dedicados a él, Victor Hugo le escribe que "su poesía había comenzado su curación".

Baudelaire, no obstante esas galanterías, vuelve a distanciarse de Hugo, y cuando en Bruselas le llaman "policía", él achaca eso a alguno de la banda de Hugo, llamándole en definitiva a Hugo "el asno de genio", haciendo la crítica de *Los miserables* con estas palabras: "Yo haré –decía– una novela en que figurará un malvado, pero un verdadero malvado, asesino, ladrón, incendiario y pirata y que acabará con esta frase: "Y bajo estos árboles que yo he plantado rodeado de una familia que me venera, de niños que me acarician y de una mujer que me adora, gozo en paz del fruto de todos mis crímenes " ."

\*\*\*

Es ésta la época de sus anécdotas fantásticas.

"Cuando arrojé a mi querida por el balcón...", solía decir en voz alta.

Una vez se encuentra a Banville y le propone: "¿No le sería muy agradable tomar un baño en mi compañía?" "¡Cómo no! –contesta Banville, queriendo ser tan paradójico como él–. Precisamente iba a proponérselo." Y entraron en una casa de baños; y cuando ya estaban sumergidos cada cual en su baño, Baudelaire le dijo con perfidia: "Ahora que no tiene usted defensa, voy a leerle una tragedia en cinco actos."

En otra ocasión acepta el dirigir un periódico de provincias y se va al pacífico lugar de su dirección con una actriz, a la que hace pasar por su esposa. Todas las gentes prudentes de la ciudad le dan un banquete, a cuyos postres Baudelaire, silencioso, sólo responde a las insistentes demandas de que hable, diciendo: "Señores, no tengo nada que decir. ¿No he venido aquí para ser el criado de vuestras inteligencias?"

En el periódico escandaliza a la dueña de la imprenta preguntándole donde meten "el aguardiente de la redacción". Por fin se descubre que la mujer que vive con él no es su esposa, y el presidente del Consejo de Administración, un rancio notario, le dice: "¡Señor, usted nos ha engañado; madame Baudelaire no es su mujer, sino su favorita!" Baudelaire replica: "Señor, la favorita de un poeta puede valer alguna vez por la mujer de un notario."

"Yo, que soy hijo de cura...", decía de pronto para asombrar.

Una de las bromas usuales suyas era entrar en una farmacia y decir con gran cortesía: "Señor boticario, ¿quiere usted hacerme el favor de administrarme un 'clister'"?;

54

porque, según cuenta Judith Gautier, "Baudelaire afirmaba que los boticarios estaban obligados a obedecer a esa orden, que era uno de los deberes de su cargo, y que si él la utilizaba exponiéndose al ridículo era, sobre todo, por no dejar caer en desuso una servidumbre antigua y bienhechora".

En otra ocasión le inventó a Houssaye una tragedia, *Safo*, que iba a estrenar la Raquel, y hasta compuso y publicó algunos versos de la tragedia, haciendo que la prensa recogiera aquella versión, riendo Houssaye de la broma.

Baudelaire iba mucho al café de la Belle-Paule, donde se encontraba con Cladel. Un día, Cladel esperaba a su maestro, como él decía, cuando una mujer, muy bella y muy rubia, se sentó delante de él y le rogó que le presentase a Baudelaire. Cladel lo hizo así, y Baudelaire la convidó, yéndose solo al cabo de una hora. Desde aquel día le persiguió a Baudelaire aquella mujer, hasta que Baudelaire tuvo que acceder a que subiese a su casa. Cladel salió con ellos. Se habló mucho. La mujer se puso lasciva, y Baudelaire le dijo que él amaba las bellas formas y que, por tanto, no se quería exponer a una desilusión. Entonces, la mujer se comenzó a desnudar lentamente. "Ella –dice Cladel– era magnífica." Cladel, entonces, se fue; y no había cerrado aún la puerta cuando oyó a Baudelaire que le decía:

55

"Vístete." (En 1876 Cladel volvió a ver a aquella mujer, que le preguntó, cogiéndole las manos: "¿Y Baudelaire?" "Ha muerto", tuvo que responder Cladel.)

Otro día, que comía tranquilamente con sosiego unas apetitosas rodajas de patatas fritas, porque había comprado un cucurucho lleno a un vendedor ambulante, dos bellezas célebres hicieron parar su coche y le llamaron: "¿Es bueno eso que come usted?", le preguntó la bella condesa.

"¿Usted gusta?", dijo el poeta, y viendo que aceptaban, les regaló el cucurucho de patatas fritas y se despidió de ellas con un ceremonioso saludo.

Una de ellas, la más bella, le volvió a encontrar en un salon, y acordándose de aquello, le dijo si tendría ocasión de comer de nuevo patatas fritas con él. "No, señora –respondió firmemente el poeta–, porque si bien son exquisitas, lo son sólo la primera vez que se las come."

Hasta una vez se quiso presentar a académico y fue a visitar al secretario perpetuo de la Academia, que, al salir Baudelaire, dijo: " ¡Cosa extraña!; es más razonable de lo que yo creía." Y Baudelaire dijo a su vez del secretario a sus amigos: "Valiente sorpresa. ¡No es tan idiota como me habían dicho!"

Baudelaire contaba que una vez, al pasar por la puerta de una carbonería, vio al carbonero sentado en una mesa limpia con toda su familia alrededor. No pudiendo resistir un movimiento involuntario, entró en la carbonería. "¿Es de usted todo este carbón? –le preguntó al carbonero, que hizo signo afirmativo–. ¿Y todos estos troncos tan bien alineados?" El carbonero, creyendo que era un comprador indeciso, volvió a decir que sí. "¿Y es éste el coque? ¿Y ésta es la encina? ¿Y también le pertenecen?" Baudelaire siguió viendo todos los detalles, y al fin, desengañando al pobre carbonero, le dijo: "¿Y cómo es posible que siendo de usted todo esto no se asfixie en medio de tanta negrura?"

"¿Ha comido usted sesos de niño? –solía preguntar–. Se parecen mucho a las nueces frescas y son excelentes."

"Después de haber asesinado a mi pobre padre...", comenzó una vez un relato en pleno restaurante y en voz alta y entonada.

Una vez, en un ministerio al que había ido a pedir un socorro con pretexto de que era para otro, lo echó todo a rodar cuando el alto funcionario que le atendía le dijo: "Quisiera saber por qué con su magnífico talento, con ese don que usted tiene de crear la armonía y de suscitar la más poderosa ilusión, elige usted asuntos tan... atroces...; es decir, tan... poco amables." "Señor –le contestó el poeta–, es para asombrar a los tontos."

Estando en un célebre baile de la calle de Cadet, donde "pasaba con el rostro grave y el continente altivo entre aquellos calaveras y aquellas bailarinas, ahogando bajo los trompetazos de la orquesta el sueño interior y morboso que llevaba en su alma", le preguntó Charles Monselet:

−¿Qué hace usted ahí, Baudelaire?

−¡Amigo mío, veo pasar cabezas de muertos!

Baudelaire también contaba entre sus amigos que tenia amores con una terrible jorobada y que no había emoción como aquélla, hablando también de enanas a las que había amado y que no tenían ni 72 centímetros, así como también poseyó alguna giganta, perdiendo a las enanas por la gastritis y a la giganta por la tuberculosis. "¡No se puede tener todo en este mundo!", era la frase con que acababa su relato, poniéndose muy triste.

En una ocasión, Baudelaire entró en casa de Du Camp con el cabello teñido de verde. "¿No encuentra usted nada extraño en mí?", le preguntó el poeta. "No", le contestó Du Camp, no queriendo asombrarse. "¿No? Pues fíjese que tengo cabellos verdes, y eso no es muy corriente", replicó Baudelaire. Du Camp le dijo con indiferencia: "¡Bah! Todo el mundo tiene cabellos más o menos verdes... Si los suyos fuesen azul celeste, me sorprendería... ¡Pero cabellos verdes se ven muchos en París, bajo toda clase de sombreros!"

Baudelaire, furioso, se despidió de Du Camp, y a un amigo que se encontró en la escalera le dijo que no subiese, que "Du Camp estaba de un humor de perros".

Muchas historias macabras inventó en su vida. León Cladel cuenta su afición a estas historias y cómo durante horas y horas se burlaba de sus auditores hablando de la cuadratura del círculo, la perversidad de los cometas, la atracción de las almas, el movimiento continuo, la transmutación de los metales, la bondad del demonio. Hacía preguntas fantásticas a sus oyentes: "¿Ha pensado usted en la influencia fatal de la cocina sobre el genio del hombre?" "¿Sabe usted bastante sobre la conformación física de los santos?" Hablaba de artes culinarias y farmacéuticas, del pollo y el *hachisch*, del gato con azafrán o de la pata de carnero con opio. Pero cuando decía: "¡Vamos a divertirnos un rato!", era cuando lo siniestro iba a hacer llorar.

Judith Gautier –a la que Baudelaire estimaba y a la que felicitó por un artículo sagaz y extraordinario que escribió sobre su libro siendo muy niña aún– cuenta cómo un día, estando asomada al balcón, le vio acercarse a su casa. Delante de él iba un perro grande, de pelos largos y todo enlodado. Cada vez apresuraba más el paso hacia el perro. Se hubiera dicho que quería pisarle la cola. En efecto, eso pretendía. De pronto consigue ejecutar su diabólico proyecto: el desgraciado animal lanzó un aullido y, tanto por miedo como por defenderse, se arrojó sobre su extraño agresor, que cayó en plena inmundicia.

El criado de Gautier limpió como mejor pudo las huellas de esta caída, y el poeta pudo presentarse a sus amigos.

–Acabo de ser derribado por un perro que no conozco –dijo–. Era horrible...

–¿Pero qué razones tenía ese perro para quererte mal? –le dijo Gautier–. Los animales son lógicos y no proceden sin razón ninguna como los bípedos. ¿Has escalado acaso los muros confiados a su guarda para raptar a alguna burguesa?

–Ese animal estaba en su derecho: yo le había ofendido al pisarle a propósito la cola –dijo Baudelaire, y guardó silencio como humillado y arrepentido–.

Otra vez Baudelaire cuenta a un amigo cómo se ha suicidado:

"Estaba en la calle de Richelieu, en una taberna, con esa muchacha que tú conoces; me hundí el cuchillo, pero no sentí nada; luego me despertó un runrún; era el comisario de policía, que me decía: "Ha cometido usted una mala acción; usted se debe a su patria, a su barrio, a su calle, a su comisario de policía." Y Juana le calmaba gritándole: "Hace usted mal diciéndole eso; le prevengo que si él le oye, es brutal." Me condujeron a casa de mi familia; mamá copiaba mis versos; pero esto no podía durar: no se bebe en la casa materna más que vino de Burdeos, y yo prefiero el de Borgoña. En fin, que me he marchado. Por el momento estoy sin domicilio; cuando viene la noche me tiendo en un banco."

De entre las aventuras de sus viajes imaginarios, la más curiosa es esa con que engañó a Adrien Marx.

Según esa aventura que él contaba, se unió en su excursión por las Indias Orientales con el hermano del famoso Mievoslawsky, que rompía una silla siempre que contaba la historia de la batalla de Waterloo... Recorrían los mares asiáticos en una chalupa y en compañía del negro Ridok... Se les rompió la vela... Perdieron las provisiones... "Pasan tres días luchando con los elementos y con el hambre, un hambre y una sed irresistibles, sobre todo para el cuarto pasajero, una pantera que llevábamos en la bodega y que primero mugió, después rugió y después, haciendo un supremo esfuerzo, descerrajó su jaula y apareció en el puente, nos miró a los tres fijamente, pensando a cuál elegía, y por fin se tiró sobre el negro..." "Le tomé un gran cariño –acababa de contar Baudelaire–. Yo mismo le servía su ración en pequeños trozos, porque tanto Mievoslawsky como yo teníamos un gran interés en que el cadáver del negro durase mucho tiempo... Felizmente, al otro día nos vio un vapor inglés y nos recogió."

De él y de Privat es una anécdota curiosa. Un amigo de Privat, duque y millonario, le regaló un crédito que tenía contra un sastre, indicándole que se hiciese todos los cha-

61

lecos que le hiciesen falta para enjugar la deuda. "A partir de este día –cuenta Teodoro de Banville–, Privat detenía en los bulevares a los pintores fracasados, a las personas sin sombrero y sin botas, y les decía: "¿Quieres un chaleco?"

Llevábalos entonces a casa del sastre, y como se trataba de gastar el dinero lo más pronto posible, escogían los terciopelos de Génova, los rasos fabulosos, las telas bordadas de oro y de plata, los piqués espesos como planchas; en fin, todo lo que llevan los *clowns* viejos, los Robert Macaire y los brasileños de *vaudeville*. Y como tenía frío en la cama, Privat se hizo un cubrepiés cosiendo juntos varios chalecos de color de fuego, de aurora y de amatista, salpicados con los más deslumbrantes bordados."

Indudablemente, Baudelaire usó varios de aquellos suntuosos chalecos, variados como las alas de las mariposas.

Otro día, Baudelaire se pasea por los bulevares con un boa de plumas rojas. En otra ocasión, Baudelaire, que seguía odiando a su padrastro, aprovecha la confusión de una revolución, y con un fusil en la mano grita: "¡Es necesario fusilar al general Aupick!"

Debuta con un folleto sobre el salón donde conoce a Asselineau, con el que después entra en el Café Lemblin, donde Baudelaire pide vino blanco, *biscuits* y pipas nuevas, esas pipas de yeso que saben a la argamasa de la vida, a casa nueva y a huesos desenterrados y ya calizos.

Va a muchos cafés, entre ellos al Diván Lepelletier, donde se reunían Gerardo de Nerval, Teodoro de Banville y Gustavo Flaubert. También iba al Café Tabourey.

Cómo encontró, en guluzmeo auténtico de la vida, el tacto de las cosas, el gusto de las esencias, lo prueban sus frases sueltas: "Un vaso de verdadero vino debía parecerse a un racimo de uvas negras... ". "Las trufas hacen el efecto, después de un buen vaso de vino, de varios ceros a la derecha de una cifra."

Otra vez confiesa su deseo de hacer un *vaudeville.* "El poeta –decía– debe hacerlo todo." También proyectó un drama, El borracho, en el que había una escena en que el protagonista, después de haber asesinado a su esposa, volvía a sentir ternura por ella y el deseo de violarla, escena que una vez sorprendió a una dama, a la que él contestó: "Señora, todo el mundo haría lo mismo, y los que no tuviesen esos sentimientos serían unos bichos raros."

Hasta proyectaba una ópera en que debían haberse encontrado Don Juan y Catilina, ópera que le servía para charlar y entrar en casa de las grandes cantantes.

Con la opereta *El marqués del primero de Húsares* se unían otros proyectos, como el de otras obras tituladas *El club de los cornudos, La juventud de César, Las vírgenes locas.*

Va a los viernes de Murger y a casa de Nadar.

Pasa grandes miserias. Vende sus libros y los de los amigos.

En los restaurantes siempre preguntaba con gran cortesía al camarero o al dueño: "Señor, ¿emplea usted en su cocina el aceite o la manteca?" "¿La manteca está bien fresca?" "¿Tiene usted buen vino?"

Hasta los días sin dinero tenía rasgos de príncipe, y en ocasión de no tener más que cuatro francos para él y para un amigo, le hizo comer en uno de los mejores restaurantes, pero sólo postre: tres francos de queso.

Es autoritario con sus amigos, y así, Asselineau cuenta que un día de constipado, como le rogase que le dejase ir a su casa para cambiar de pañuelo, Baudelaire insiste tanto en que se quede que, después de preguntarle cuántas veces pensaba sonarse, quiso ver el pañuelo para comprobar si realmente no había sitio en él.

Últimamente, en las cartas de Baudelaire hemos sorprendido muchos secretos, muchas superioridades. A veces se pierde la visión del gran fondo en ellas.

En las primeras cartas Baudelaire firma Dufays –ese otro apellido que después se abandona con tristeza, pero con decisión–, y también usa esos remoquetes tan singulares como redactor de *L'Esprit Public*, del *Corsaire-Satan*, y "autor de dos folletos sobre los salones de 1845 y 1846", llegando hasta hacer una mejora arbitraria de su segundo apellido, dividiéndole: "De Fayis"... Escojamos algunas notas curiosas de esas cartas:

De una carta a Alfredo de Vigny: "Señor, le he visto enfermo, y eso me ha dejado preocupado... Uno de mis amigos, cuyo estómago está en un estado lamentable, me ha dicho que Guerre, el pastelero inglés cuya casa está en la rinconada de la calle Castiglione y de la rue de Rivoli, hace helados de carne combinados con un vino cordial, Madera o Teres, que los estómagos 'más desolados' digieren fácilmente y con placer. Es una especie de confitura de carne al vino, más sustancial y nutritiva que una comida completa. He creído que este dato merecía ser conocido por usted. Vuestro buen devoto..."

Otra vez, envió a Sainte-Beuve un riquísimo pan de especias.

Su decaimiento se nota en algunas cartas, como en esa que escribe a su madre el 3 de enero de 1865: " No puedo olvidar –le dice– la solemnidad de este día, tan triste entre todos los días del año, para pensar en ti y para pensar en mis deberes de hace tantos años. Mi principal deber, mi único deber quizá, sería hacerte feliz. Pienso sin cesar en esto. ¿Pero podré yo conseguirlo alguna vez? Pienso algunas veces, temblando, que Dios puede negarme bruscamente esta posibilidad. Te prometo, desde luego, que este año... Me avergüenzo cuando pienso en todas las privacio-

65

nes que te he debido imponer. Te prometo también que ningún día del año pasará sin que yo trabaje. Infaliblemente, la recompensa vendrá. Tengo el espíritu lleno de ideas fúnebres. ¡Qué difícil es cumplir el deber "todos los días" , sin interrupción alguna! ¡Qué difícil es no "pensar " un libro, sino escribirlo sin laxitud, y, para colmo, tener energía todos los días!"

Hasta hay un argumento de drama en esas cartas, pues él espera, según dice en otra carta a su madre, "que el teatro pagará sus deudas".

En 1855 escribe a Desinoyers: "Usted me pide versos para su obra, versos sobre la 'Naturaleza', ¿no es eso? ¿Sobre los bosques, los grandes árboles, la verdura, los insectos, el sol, sin duda? Pero usted sabe de sobra que yo soy incapaz de conmoverme sobre los vegetales, y que mi alma es rebelde a esta singular religión nueva, que me parece que será siempre para todo ser espiritual algo *shocking*."

En febrero de 1857 da a su gran editor, Poulet-Malassis, prescripciones para la impresión de su primer libro: "Yo le recomiendo únicamente, cuando lo emplane, que no sea avaro de blancos."

Durante todas las cartas que siguen, habla Baudelaire de las pruebas de los tipos de letra, y se pasa el tiempo aclarando numerosas advertencias a la imprenta.

Más quejas se destacan en estas cartas por haber tirado un pliego antes de recibir las últimas correcciones. La queja es profunda, y conocemos lo irreparable que es este no tener paciencia, cuando el editor y la imprenta deben esta consideración imprescindible al escritor, al "creador".

Las demandas de dinero son constantes, hechas con ese tono que es necesario, pero que es indigno en un hombre como Baudelaire. Toda su energía es para recabar y recibir dinero y reconocer en sus diarios íntimos su gran pereza y su gran desidia. Presume, se pasea y alterna, en vez de ser el hombre escondido, modesto y retraído. Escribe cartas y cartas pidiendo la suma de sesenta francos.

Los amores de Baudelaire quedan lejos de él, y, sin embargo, están muy ceñidos a su vida. No cree en el amor. "No pudiendo suprimir el amor, la Iglesia ha querido, por lo menos, desinfectarlo, y ha instituido el matrimonio..." "Lo fastidioso del amor es que es un crimen en el que no se puede prescindir de un cómplice..." "El amor es aspirar a entrar en otro, y el artista no sale jamás de sí mismo..."

Aunque sus dos principales amores fueron, además de la judía incógnita, el de Juana Duval, la Venus Negra, la extraña, la perversa, la bestia, y madame Sabatier, deliciosa, cortés, inteligente, otras mujeres figuran en su vida, alguna tan anónima como esa de la que dice: "He olvidado el nombre de esa ... ¡Bah! Ya me la encontraré en el Juicio final." Y una cómica que se llamaba Maria Daubrun, y por lo que escribe en una ocasión a Ponson du Terrail y en otra ocasión a "George Sand", pidiéndole que le devuelva el papel que le había quitado, cosa que no hace Sand, y por cuyo rasgo le guarda Baudelaire rencor inextinguible, explicándolo porque "George Sand" no cree en el infierno.

Se encuentra también entre esos amores efímeros a la "pequeña mendiga rusa", a la que dedicó unos versos y a la que Banville alude en otros; y una modelo, a la que escribe una carta que es como un poema de quejas: "Volved; os lo pido de rodillas; no os aseguro que me encontréis curado de mi amor, pero no podréis evitar* que mi espíritu dé vuelta alrededor de vuestros brazos, de vuestras bellas manos, de vuestros ojos, en que reside toda vuestra vida, de toda vuestra adorable figura carnal...". "Por vos, María, yo seré fuerte y grande... Como Petrarca, yo inmortalizaré mi Laura. Sed mi Angel de la Guarda, mi musa y mi señora, y conducidme por el camino de lo bello."

Volvamos a su principal amor, al de la "negra".

Cuando Baudelaire estuvo en las Indias encontró allí una muchacha de color, joven y alta, que no sabía francés y que le guisaba salsas horriblemente picantes en un caldero de cobre reluciente, en torno del que gritaban y bailaban unos negritos desnudos. Al volver a Europa, la nostalgia de aquella querida le hizo enamorarse de Juana

Duval, la Venus Negra, en la que buscaba el recuerdo de aquellas noches moradas y cálidas.

Baudelaire dice que "era una muchacha de color, de una estatura muy elevada, que llevaba muy bien su cabeza ingenua y magnífica coronada de una cabellera crespa, y cuyo paso de reina, lleno de gracia severa, tenía a la vez algo de divino y de bestial". En cambio, Prarond dice que "era una mulata muy negra, no muy bella, de cabellos negros y flojos, pecho bastante liso, estatura alta y andares feos".

"Apenas tornó a París de la isla de Mauricio –dice el marqués de Graudpre–, tomó por querida a una mujer que no tenía otro mérito que el de ser de color: Juana Duval, figuranta en un teatro de barrio."

Juana Duval aparecía entonces por los cafés de los poetas con su sombrero de terciopelo y su traje de lana azul, ornado con un galón de oro.

A veces, Baudelaire hacía que se sentase Juana en un gran sillón delante de él y la miraba con amor y la admiraba con largueza, diciéndole versos escritos en una lengua que ella no comprendía.

Juana hablaba de Baudelaire como de un señor fantástico, viejo, que tenía admirables colecciones de muebles y que no fumaba sino tabaco de España, que sacaba de una cajita de oro.

Aunque, según el buen Banville, esta mujer era encantadora, otros creen que fue su vampiro: una mujer cruel y coqueta que le engañó y le explotó.

"La Venus Negra –escribe su madre– le ha torturado de todas maneras. ¡Oh! ¡Si usted supiese...! ¡Y qué de dinero ha devorado...! En sus cartas, de las que poseo un montón, no he visto una palabra de amor."

Un amigo, Charles Toubin, yendo con él, vio a Baudelaire lanzarse sobre Juana en un momento inesperado, y después supo por Baudelaire que la había pillado en flagrante delito con su peluquero, "añadiendo que lo que no podía perdonarle era el que se la pegase con un hombre como aquél"; y Le Vabasseur cuenta otra escena parecida, un día que fueron al teatro y Baudelaire encontró a Juana con otro en el palco de al lado.

¿Qué ama en Juana Duval? Quizá los países lejanos, quizá el ver la bestialidad pura, sobre cuyo pedestal él se siente menos espiado. Indudablemente, muchos versos están influidos por la ilusión oriental que le llenaba mirando a la negra, quieta y embrutecida, pero ejemplar de su raza sobre todo.

Hay un momento en que Baudelaire siente por Juana un afecto paternal, algo así como una obligación. En las cartas que han quedado de él hay una, dirigida a Juana Duval, en que Baudelaire le habla de sus deudas, le jura volver a

70

París en seguida y que, provisto de dinero, procurará distraerla..., "pero no pierdas mis versos y mis artículos".

Complica su vida la Venus Negra.

Así escribe a M. Aupick: "Me ha maltratado usted a causa de una pobre mujer que yo no amo desde hace mucho tiempo más que por obligación. Por muy numerosas que sean las infidelidades de una mujer, por muy duro que sea su carácter, cuando ella ha mostrado algunos destellos de buena voluntad y de ternura, eso es suficiente para que un hombre desinteresado, un poeta, sobre todo, se crea obligado a recompensarla."

Más tarde confiará a su madre sus secretos, confesándole que tiene que trabajar en un salón de lectura, en una taberna, en un café, porque Juana "ha llegado a ser un obstáculo, no solamente de mi felicidad –eso sería poca cosa; yo también sé sacrificar mis placeres y ya te lo he probado–, sino del perfeccionamiento de mi espíritu..." "Antes, ella tenía algunas cualidades; pero las ha perdido... y yo he ganado en clarividencia. Vivir con un ser que no reconoce el tamaño de vuestros esfuerzos, que los contraria por una mala fe a una maldad permanente, que no os considera sino como un criado de su propiedad, con la que es imposible cambiar impresiones sobre política o literatura; una criatura que no quiere aprender nada, aunque se le haya propuesto darle lecciones uno mismo; una criatura que no me admira y que no se interesa por mis estudios, que arrojaría mis manuscritos al fuego si eso le diese más dinero que el que se publicasen; que arroja a la calle a mi gato, que era mi única distracción, y, sin embargo, mete en la casa algunos perros porque los perros me desagradan..." "Yo lloro lágrimas de vergüenza y de rabia. ¡Me felicito de no tener armas en mi casa! Pienso en el caso en que me sea imposible obedecer a la razón y en la terrible noche en que le abrí la cabeza contra una consola."

La Venus Negra, además, enfermó; y ella, que ya era pasiva y se quedaba enervada en las butacas junto a la chimenea, arropada con la toquilla desbaratada, ahora no se puede mover nunca. Sin embargo, Baudelaire la cuida, y aparece en sus cuentas: "Enfermedades de Juana..." "Juana, 300...; mi madre, 200...; yo, 200... "

En medio de esos crueles amores se enamoró de madame de Sabatier, a la que conocía desde sus sesiones de *hachischniano*.

Esta mujer era una burguesa alegre y bien cuidada, que sirvió de modelo para *La mujer picada por una serpiente*, de Clesinger, y que después fue retratada por Ricard en el cuadro titulado *La mujer del perro*.

Madame Sabatier, que era llamada por todos los poetas "La presidenta", reunía a los mejores poetas en su casa. En las visitas a madame Sabatier veía más el contraste de su

Venus Negra con aquella mujer distinguida y enteramente civilizada.

Comienza Baudelaire estos amores con gran timidez, porque cree a madame Sabatier la figura excelsa de sus ambiciones.

Le envía unos versos sin firma, y después le pide perdón por ese infantilismo y le dice: "Al mismo tiempo, yo me oculto como el que tiene un miedo extremo y ridículo. ¿No hay algo esencialmente cómico en el amor, particularmente para aquellos en los que no ha prendido?"

Le pide perdón por sus brusquedades, sus ñoñeces. Repite la comedia del hombre que avanza sobre su presa. Toda la sumisión "cocodrilesca".

Más tarde, en agosto del 57, le dice: "Olvidaros no es posible. Se dice que ha habido poetas que han vivido toda su vida con los ojos fijos sobre la imagen querida. Yo creo, en efecto (pero yo soy demasiado interesado), que la fidelidad es uno de los signos del genio.

"Usted es más que una imagen soñada y querida: mi superstición. Cuando yo hago alguna tontería, me digo: ¡Dios mío, si ella la supiese! Cuando hago alguna cosa bien, me digo: He aquí una cosa que me acerca a ella en espíritu."

Sigue el cultivo de aquella bellísima mujer; pero al fin se separan y entra de nuevo en la caverna de su Venus Negra, en su barraca de hombre desesperado y contrito, y la Venus Negra hasta le hace pagar deudas de un hermanito que se ha traído consigo para abusar del poeta.

***

*Las flores del Mal* ha aparecido en uno de estos momentos, antes de la completa decadencia de la Venus Negra, en su momento de mayor fortuna. Es un libro que figura tan entero y hasta con índice en el corazón de los civilizados, que sólo al citarlo se le exalta.

Un amigo suyo, Paulet-Malassis, espíritu inteligente, se prestó a editar *Las flores del Mal*, que habían rechazado todos los editores. Malassis era un gran espíritu, que después se mezcla al de Baudelaire en una camaradería admirable: Baudelaire, siempre con "su sombrero de copa puntiagudo, y Malassis con su sombrero gris, cuyo pelo se rizaba al soplo de la brisa". En el contrato de propiedad de *Las flores del Mal* se habla de otro libro, *Bric-à-brac*, libro de estética, y se estipula en veinticinco céntimos por tomo el derecho del autor.

Pero de *Las flores del Mal* es de las que hay que hablar.

Quizá por cómo se siente plenamente justificado en la vida por ese libro es por lo que se queda al margen de toda literatura cuando lo acaba y ya le sobra la vida, que es como la vida de asueto, con todo el hastío de los asuetos.

*Las flores del Mal* son admirables flores artificiales, al lado de las que las flores de la vida son las artificiales, las contrahechas, las feas.

*Las flores del Mal* son los lirios sobre las tumbas, y por eso no las aman los hombres divertidos.

¡Y por estas *Flores del Mal* fue perseguido el poeta!

¡Cuando era el libro de un creyente!

"Hay demasiado Satanás en sus libros para que no se vea en ellos el creyente", ha dicho Díez-Canedo. "Hace pensar –ha dicho André Suarès– en una Teresa del abismo, o en un fraile español maldito bajo la capucha y el escapulario."

Le preocupan los grandes misterios originales: "No está la civilización en el gas –dice–, ni en el vapor, ni en las mesas que se mueven. Está en la disminución de las señales del pecado original."

Hasta llega a amar a los jesuitas en Bélgica.

Tenía conversaciones con Dios y rezaba encomendándose a Dios, a su padre y a Poe, gran mezcolanza absurda (porque Poe está en los infiernos, donde sólo es posible la curiosidad y la lógica pervertida con las que él se divirtió).

"Aun cuando Dios no existiera, la religión sería santa y divina", acaba por decir. Más aun con esta religiosidad de santo antiguo es procesado.

De ese proceso voy a ocuparme; pero antes repasemos un poco la historia retrospectiva del poeta como escritor, no como hombre. Cuando Baudelaire tenía veinticinco años hizo, después del folleto dedicado al Salon, un libro, titulado *Les limbes*, volumen inédito de poesía. Algunos meses después, en la cubierta de *Chien Caillon*, de Champfleury, aparecía este volumen con el título de *Lesbianas*.

Baudelaire, comprendiendo que quizá había ido demasiado lejos, volvió a titularlo *Limbos*, hasta que Hipólito Babou, en una conversación del café Lemblin, sugirió lo de *Las flores del Mal*, y el volumen fue puesto a la venta con este título en los primeros días de julio de 1857.

Al aparecer el libro, Gustavo Burdin, en *Le Figaro*, recordó que Baudelaire era "desde hacía quince años un poeta inmenso para un pequeño círculo de individuos, cuya vanidad al saludarle, como a Dios o poco menos, era una especie de especulación." Y refiriéndose a la obra, Burdin la denunciaba como "un hospital abierto a todas las demencias del espíritu, a todas las corrupciones del corazón", donde "lo odioso se codea con lo innoble" y donde "lo repulsivo se alía con lo infecto". Burdin, después, señalaba unas cuantas poesías y no llegaba a comprender como "un hombre de más de treinta años hubiese dado publicidad a parecidas monstruosidades".

A raíz de este artículo denunciador le persiguió la justicia por delitos que ofendían a la moral religiosa y a la moral pública. Aquello le sorprendió muchísimo a

Baudelaire; pero, como Flaubert ante la persecución de *Madame Bovary*, creyó que se podía escapar fácilmente al proceso. Escribió a su editor: "Ocultad, ocultad bien la edición"; y escribió al ministro de Estado, Monsieur Fould, de que era amigo: "No me siento del todo culpable. Estoy, por el contrario, orgulloso de haber producido un libro que no respira sino el terror y el horror del mal... Si me es necesario defenderme, yo sabré defenderme convenientemente."

El ministro de Estado intentó de buena fe salvar a Baudelaire; pero precisamente eso agravó las cosas y realmente la persecución de *Las flores del Mal* fue ocasionalmente debida a un conflicto de atribuciones entre varios ministros.

No siendo posible recurrir a Sainte-Beuve, al que imposibilitaba de hacer nada un incidente debido a otro proceso contra *Madame Bovary*, absuelta cinco meses antes, Edward Thierry se encargó de esa defensa literaria en el diario oficial, en el *Moniteur*. El artículo se publicó con la venia del ministro de Estado, pero causó la irritación de Abbatucci, ministro de Justicia, y de Billault, ministro del Interior, al que la posición del "Moniteur", ya comprometido por el artículo de Sainte-Beuve a propósito de Madame Bovary, colocaba en mala postura, además que, estando en buenas relaciones con *Le Figaro*, parecía como inspirador de la denuncia de Burdin. Un lío que hizo que

Baudelaire recibiese una cita para comparecer ante el juez de instrucción. Los detalles del interrogatorio, que él apuntó con cuidado, han desaparecido. El mismo legajo judicial pereció en el incendio de la Commune. Sólo las cartas escritas o recibidas por Baudelaire en aquella época aclaran un poco la cosa.

Baudelaire nombró abogado al letrado Chaix d'Est Auge (hijo), entregándole una nota en que hablaba de que algunas de las poesías denunciadas habían pasado inadvertidas al publicarse mucho antes de la fecha, y además de este beneficio de prescripción, pedía que debía ser declarado inculpable su libro frente a la impunidad que gozaban otros libros modernos "que no respiraban, como el suyo, el horror del mal" , pues sus Flores del Mal encerraban una "terrible moralidad".

Para comprender esa moralidad de Las flores del Mal no había que destacar algunas poesías, como se había hecho en la denuncia, porque, como Baudelaire escribía a Vigny con ocasión de la segunda edición, aumentada con nuevas poesías, "este libro no es un puro álbum; tiene un comienzo y un fin".

Baudelaire dirigió a sus jueces una memoria de un carácter exclusivamente literario, compuesta de cuatro artículos escritos por "cuatro espíritus delicados y severos".

A su abogado le dio unas notas en las que figuraba este párrafo: esa moral llegará a decir: "De hoy en adelante no se harán más que libros consoladores que sirvan para demostrar que el hombre ha nacido bueno y que todos los hombres son felices". .. "¡Abominable hipocresía!"

Los cuatro artículos son: el de Thierry, el de Dulamon, el de Barbey d'Aurevilly, que tampoco pudo publicar su artículo por susceptibilidades de los directores de periódico, pero le escribió a Baudelaire, el "misántropo de la vida culpable", como le llamaba: "Si la persecución se interrumpiera, una palabra en seguida para que mi artículo se levante como un Cid para usted "; y el de Asselineau, que tampoco se había podido publicar, pero que era terminante y sólido.

Sainte-Beuve, amigo de Baudelaire y al que llega a llamar "el tío Beuve", escribe a requerimiento suyo un alegato grave y solemne en su favor, empleando conceptos como los que expresa más tarde, cuando propone a Baudelaire para la Academia francesa: "Monsieur Baudelaire ha encontrado el medio de construirse, en el confín de una lengua de tierra considerada como inhabitable y más allá de los límites del romanticismo conocido, un quiosco valiente, violentamente ornamentado, pero coqueto y misterioso, donde se lee a Edgar Poe, donde se recitan exquisitos sonetos, en el que se embriagan en el *hachisch* para razonar después, donde se toma el opio y mil drogas abominables en tazas de una porcelana magnífica. Este extraordinario quiosco, hecho en marquetería, de una originalidad muy concertada y compuesta, que después de algún tiempo atrajo las miradas hacia esos extremos del Kamtchatka romántico, yo llamo a eso la locura de Baudelaire. El autor está satisfecho de haber hecho algo imposible, donde no se podía creer que nadie pudiese llegar."

El proceso, sin embargo, se tramaba y el papel de acusador fue dado a Pinard, que había acusado a *Madame Bovary*. ¡Maldecido sea su nombre! Baudelaire procuré, por mediación de Barbey, calmar a este chacal.

Baudelaire, para familiarizarse con el rostro de sus jueces, asistió a una audiencia del Tribunal que había de juzgarle, y sacó de allí mala impresión: "He visto a mis jueces el jueves último y no diré que no sean bellos. Son admirablemente feos y su alma debe parecerse a su rostro."

Baudelaire, obsesionado con la idea de que la emperatriz había influido en la liberación de Flaubert, se dirigió a su amada madame Sabatier para que hablase a la real señora.

La vista fue fijada para el jueves 22 de agosto de 1857, y Pinard, con cierta benevolencia y para ponerse a la altura de un proceso poético, se encarnizó con las palabras, las imágenes, y habló de equívocos y de cosas misteriosas en que jamás había pensado Baudelaire, atenuando sus serie- dades con protestas de ingenua indulgencia. " ¡Dios mío! Yo pido que se le reconvenga solamente."

Aunque el acusador estuvo menos severo que con *Madame Bovary*, el abogado no estuvo a la altura de su cometido, y Baudelaire quedó tan descontento como Flaubert del suyo y como también Barbery del mismo Gambetta, que le defendió muy mal.

Baudelaire fue condenado a 300 francos de multa por ofensas a la moral pública y a las buenas costumbres y a la supresión de seis poesías: *Lesbos*, *Mujeres condenadas* (*Hipólito y Delfina*), *Las metamorfosis del vampiro*, *El Leteo*, *A esa que es demasiado alegre* y *Las joyas*.

Asselineau cuenta que un ilustre académico le hizo notar a Baudelaire los términos del considerando: "Considerando que el poeta... Fíjese bien en esta palabra –decía–; nada de "el acusado ", sino " ¡el poeta..., el poeta!" ... Todo está allí."

Baudelaire sufrió un golpe rudo con la sentencia, pues él esperaba ser absuelto y que se dieran satisfacciones a su honor. Los Goncourt cuentan en su diario que "se defendía obstinadamente, con una especie de cólera seca, de haber ultrajado las costumbres en sus versos".

Baudelaire no apeló. Se resignó y no le valió que le per- donasen el pagar las multas. Baudelaire escribe por esos

81

días a su editor Malassis: "Ya sabe usted que me he decidido a someterme completamente al veredicto y que haré seis nuevos poemas, más bellos que los suprimidos. Me queda un poco de mal humor para siempre."

En este momento es cuando los Goncourt, que lo acaban de ver, apuntan en su diario: "Baudelaire come hoy a nuestro lado. Está sin corbata, el cuello al aire, la cabeza afeitada, en verdadera *toilette* de guillotinado. En el fondo, observado bien, unas manos pequeñas, muy lavadas, muy enjabonadas, cuidadas como manos de mujer, y junto a esto una cabeza de monomaníaco, una voz cortante, como una voz de acero, y una elocuencia emulada por la precisión de un simbólico Saint-Just y el Ángel Caído. Se defendía obstinadamente, con cierta cólera seca, de haber ultrajado las costumbres en sus versos."

Así, cuando salió la segunda edición de *Las flores del Mal* contenía treinta y cinco poesías nuevas, poesías que temía que fuesen mal interpretadas; y por eso, en su primera versión de la dedicatoria a Gautier, dice: "Yo sé que en las regiones etéreas de la verdadera poesía el Mal no existe, así como tampoco el Bien, y que este miserable diccionario de melancolía y de crimen puede legitimar las reacciones de la moral como el blasfemo confirma la religión."

En los prefacios para futuras obras, que se han encontrado entre sus papeles, siempre discute esta idea del Bien, que distingue de la de Belleza, pues él no confunde "la tinta con la virtud ".

***

*Las flores del Mal* son la hora breve de estancia en la cúspide. Después atardece en su espíritu y siente un vivo temor de quedarse solo, de noche, en lo alto de la montaña. Desciende después, desciende siempre, pero ya está ungido.

Había sufrido todos los engaños y todos los desengaños, y en la hora álgida del engaño y del desengaño había escrito un soneto.

Había creído en la mujer, y la mujer le había desengañado; había creído en las drogas artificiales y especiosas, había creído que el diablo dice a los comedores de *hachisch* y a los tomadores de opio, como antaño a Adán y a Eva: "Si gustáis de este fruto, seréis como dioses"; y en el fondo, aunque él después de caer en el desengaño no quisiese descubrirlo, sintió eso que un hombre tan veraz como el doctor Binet cuenta del *hachisch*: "La embriaguez del *hachisch* es extremadamente penosa por causa del malestar y de la risa inextinguible que provoca, risa que muy a menudo no responde a una sensación de alegría. Cuando se ha absorbido una dosis de *hachisch* para provocar la pérdida del sentido no se tienen deseos de recomenzar la experiencia."

***

Aunque él había escrito: "Después de recibir la carta de un acreedor escribid cincuenta líneas sobre un tema ultraterrestre y os habréis salvado", las deudas le preocupan, le desesperan y no le dejan escribir ni esas cincuenta líneas ilusionadas.

Monsieur Acelle, su consejero, banquero y tutor, no puede solucionarle el conflicto, aunque mitigó la ruina en que hubiera caído el poeta, gracias a su protección y a su cuidado.

Las cartas a Acelle son pedigüeñas, insistentes, y da pena cómo desperdicia su letra en pedir dinero. Hay que ser modesto, escrupuloso y cuidadoso para, con algún dinero para vivir, despreciar todo el dinero del mundo.

Su miseria le hace escribir a su madre: "Me he visto obligado a salir de mi casa esta noche y acostarme –por dos días indudablemente, hasta que alguien me arregle un poco los asuntos– en un hotelito oscuro e inencontrable, porque estoy sitiado y espiado en mi casa de tal modo que no me puedo mover. Y he salido de casa sin dinero, por la sencilla razón de que no hay en ella ni un céntimo."

A fines de 1852, ni siquiera tiene ya los libros y los papeles que le son indispensables para acabar su estudio sobre Edgar Poe: "Todos mis libros, manuscritos y muebles han quedado –escribe a Veron– en prenda para el pago del último alquiler de la casa." Naturalmente, hace un llamamiento a la generosidad del director del *Constitutionnel*, confesando que jamás hubiera pensado verse encerrado en este círculo vicioso: "buscar dinero" para "ganar dinero".

(¡Tener que empeñar los elementos de su Poe, de su otra obra!... ¡Cómo recitaba él el *Cuervo*, con su voz pura, firme y musical!... |Tener que empeñar los elementos para esa obra, que tantos millones de francos ha dado a Europa y de la que él hizo el extraño descubrimiento!... Elementos entre los que estaban aquellos atlas, mapas y varios instrumentos, que cuidaba y limpiaba con gran lentitud y cariño, y con los que verificó, como el capitán del buque matemático, los cálculos náuticos de Gordon Pyn.)

Cartas y más cartas de deudas le enmezquinan. Así, escribe al director del Monte de Piedad: "Señor: He enviado, el 29 de diciembre último, a uno de mis amigos de París, la papeleta de un reloj empeñado en vuestro establecimiento, con el encargo de pagar los intereses y renovar el empeño. La carta no ha llegado a la persona a la que iba designada", y Baudelaire tenía miedo de que se la hubieran robado y de perder su reloj, dándole toda clase de señas de su joya.

Llegan a meterle en la cárcel por deudas. "Es necesario –escribe a su madre– que tú me saques de un aprieto grande. Estoy preso desde ayer mañana. Aunque creo que me pondrán en libertad mañana, estoy bajo la amenaza de un nuevo juicio –después de un tercero–, cosa que no le dicen a uno sino traidoramente cuando ya le han encerrado."

El sábado 4 de diciembre de 1847 lanza una llamada desesperada; ha tornado una casa, y esperando poder entrar en ella se ha metido en el primer hotel que ha encontrado, pero del que no puede salir porque no puede pagar la cuenta. "Creedme –escribe a su madre– que yo os pido con las "manos juntas", de tal modo me doy cuenta de que ya estoy en los últimos límites, no sólo de la paciencia de los otros, sino de la mía, que me enviéis, aunque esto os costará mil sacrificios y aunque no creeréis ya en la utilidad eficaz de este último servicio, no sólo la cantidad que os pido, sino con qué vivir una veintena de días..." "Yo sé positivamente que si yo pudiese hacer durante veinte días una vida regular, mi inteligencia se salvaría..." "La última vez que habéis tenido la amabilidad de darme quince francos, no había comido hacía "dos días" –cuarenta y ocho horas–, y me tuve de pie gracias al aguardiente que me habían procurado, ¡a mí, que odio los licores y que me deshacen el estómago!"

Hace "escenas ridículas" a su depositario, monsieur Acelle, para obtener tabaco, papel, sellos. "Cuando el portero me dice: "Señor, quedan aún cuarenta céntimos que pagar", me siento completamente desgraciado."

86

"¿Sabe usted –dice en otra carta– donde se venden buenas y "grandes" camas de hierro, absolutamente sencillas, como los lechos de hospital, pero provistas de colchones y mantas?"

A su amigo Asselineau, que tan íntimos recuerdos ha contado de él, le escribe: "He advertido a su portero que mañana por la mañana traerán aquí, a mi nombre, un paquete. ¿Podría usted exagerar su amabilidad hasta llevarlo usted mismo hasta una buena sucursal del Monte de Piedad y tratar de obtener cincuenta francos?"

Hace algún viaje por escapar a tan cerrada miseria; pero todo se agrava a su alrededor, y Juana Duval entra en el Sanatorio Dubois, vendiendo Baudelaire sus últimos objetos para poder pagar su pensión.

"No quiero que pongan en la puerta a mi paralítica –escribe–. Ella tal vez se alegre de salir; pero yo quiero que la guarden allí hasta agotar todos los medios de curación."

En sus cartas es cuidadoso: "Con estos caminos resbaladizos, no salgas sin ir acompañada."

Se siente decadente y finalizado. Cree llegadas las horas de las neuralgias finales.

Siempre le queda la preocupación de haber sido engendrado por un padre mucho más viejo que su madre.

"¡Maldición –dice él a propósito de otra cosa– a los padres achacosos que nos han hecho raquíticos, mal conformados y predestinados a no engendrar más que recién nacidos muertos!"

"Mis antepasados, idiotas o monomaníacos... todos víctimas de terribles pasiones", dice en otra ocasión.

Parece que esa esperanza insistente que reflorece, y que está en contraste completo con los dos sonetos que la rodean y hasta a veces se ahoga en su propio verso, es la célula de la madre envuelta en las células deshechas, decadentes, demasiado enteradas del mundo, que fueron las del padre.

Esta fría reacción, conseguida como en el laboratorio del doctor Fausto a costa de la vida de una criatura sentenciada a una decrepitud rápida, son *Las flores del Mal*.

Siempre ha sido un viejo. Ya lo he dicho; pero él mismo, a los treinta años, escribe: "Dicen que tengo treinta años; pero si he vivido tres minutos en uno, ¿no tengo acaso noventa?"

A Sainte-Beuve, a su tío Beuve, le escribe: "Cuando usted me llama "Mi querido niño" me enternece y me hace reír al mismo tiempo. Aunque mis largos cabellos blancos me dan el aire de un académico (en el extranjero), tengo una gran necesidad de alguien que me ame lo bastante para llamarme su niño; pero no puedo evitar el pensar en ese veterano de ciento veinte años que, hablando a un veterano de ochenta, le dice: "¡jovencito, cállese!" "

En su deplorable estado de ánimo, piensa hasta en el suicidio, quizá porque le domina el miedo a la muerte: "Estoy solo, sin amigos –escribe en una carta–, sin amante, sin perro ni gato; ¿a quién quejarme? No tengo más que el retrato de mi padre, siempre mudo."

"Desde hace mucho tiempo –dice en otra ocasión– estoy al borde del suicidio, y lo único que me detiene es una razón ajena a la cobardía y al pesar. Es mi orgullo el que me impide dejar mis asuntos embrollados."

También había escrito a un amigo suyo: "Me mato porque soy inútil a los demás y peligroso para mí mismo; me mato porque me creo inmortal, y "espero... " " (En su juventud llegó a herirse el pecho dándose varias puñaladas.)

No trabaja. No puede, no quiere, no puede.

Pone condiciones infantiles a su trabajo, y un día –eso no es tan infantil– necesitará una botella de Borgoña para trabajar y otro día necesitará apremiantemente su reloj para poder comenzar.

"El reloj –yo tengo la manía de saber la hora en todo momento y de no poder trabajar sin reloj–. Le ruego que me lo saque del Monte de Piedad."

¡Qué lejos estos días de desidia de aquellos en que al preguntarle un jovencito que qué era la inspiración, contestaba él: "La inspiración es trabajar todos los días."!

En este momento de desconcierto, y sugestionado por unas noticias que le dio muy a la ligera Stevens, se dirigió a Bélgica, prometiéndose ganar algún dinero dando lecturas y conferencias públicas en todos los círculos. Le sugestionó la idea de los grandes resultados obtenidos en Inglaterra y América por Dickens, Thackeray, Longfellow y el mismo Edgar Poe.

Así, deja París en la primavera de 1864, y en la última quincena de abril fija su residencia en Bruselas.

–Entonces, ¿por qué ha venido usted? –le preguntan en Bélgica–.

–¿Es que yo lo sé? –responde–. He venido por encontrar la paz, el medio de trabajar, para escapar a los enredos de la vida de París, a las persecuciones de una mujer insaciable.

Se instala en el hotel del *Grand Miroir*, pensando en recorrer toda Bélgica, esa Bélgica sobre la que después hubiera querido hacer un libro, cuyo esbozo queda entre sus papeles: "Bruselas huele a jabón negro. Las camas huelen a jabón negro. Las servilletas huelen a jabón negro. Las aceras huelen a jabón negro", siendo, después de esa sensación del jabón negro, las comidas lo que más le extraña, sorprendiéndose ante las carnes siempre estofadas.

La primera conferencia de Baudelaire en la "Casa del Rey", de Bruselas, fue sobre Delacroix, al que ya tenía muy estudiado, y la segunda, sobre Teófilo Gautier.

El gran novelista belga Camille Lemonnier, que asistió a ella, ha escrito unas páginas muy interesantes sobre el suceso:

"No olvidaré jamás aquella tarde memorable –escribe Lemonnier–. Los periódicos de Bruselas habían anunciado, sin comentarios, una conferencia de Baudelaire. El hecho de que un gran poeta, uno de los espíritus absolutos de este tiempo, promulgara su fe literaria públicamente parecía entonces despreciable. Es preciso acordarse de la indiferencia total de la Bruselas de entonces por la literatura; sólo un pequeño número de literatos conocían al autor de *Las flores del Mal*; se vivía en un ambiente saturniano, en el que se anonadaba la Idea...

Yo no pude apresurarme lo bastante para oír los prolegómenos. La escalera estaba vacía cuando subí... El silencio reinaba bajo las bóvedas; sentí un poco de vergüenza ante la idea de que una multitud había pasado ya y que yo llegaba el ultimo. Me figuraba ya una concurrencia solemne y presurosa corriendo como a una fiesta. Un portero abrió la alta mampara, y oí una voz aguda y mordiente, de un registro elevado, que se inflaba en un a modo de predicación y silabeaba con énfasis sus loas a otro gran poeta:

"Gautier, el maestro y mi maestro..."

Entré en la sala. Después de tantos años, aún me causa estupor la soledad de esta gran nave, en la que temía no poder encontrar sitio y en la que, hasta las últimas penumbras, se alineaban los bancos desocupados. Baudelaire habló aquella tarde para una veintena de auditores; habló como si hubiese hablado a una corte de príncipes, y les reveló un Gautier altísimo, el igual de los grandes papas del arte. A medida que hablaba, el asombro se manifestaba en todos los rostros; una decepción, tal vez también la inquietud de una secreta intención oculta bajo una alabanza en apariencia inmoderada. Nadie, entre los contados auditores que allí había, se representaba con estas proporciones olímpicas, bajo una púrpura tal, al poeta magnífico, pero todavía mal conocido, que su émulo el maestro resplandeciente y quintaesenciado exaltaba como un epónimo.

Parecióme que la asistencia, sin duda desconfiada, temía un nuevo rasgo de este ironista acerado y desconcertante."

Camilo Lemonnier describe la actitud del conferenciante:

"Una mesita ocupaba la mitad del estrado: él estaba de pie, de corbata blanca, en el círculo luminoso de una lámpara. La claridad daba vueltas alrededor de sus manos, finas y móviles; ponía una coquetería especial en mostrarlas y tenían una gracia casi femenina al estrujar las hojas esparcidas negligentemente, como para sugerir la ilusión de la palabra improvisada. Estas manos patricias, habituadas a manejar la más ligera de las herramientas, trazaban a veces en el aire lentas órbitas evocadoras, o bien acompañaban la caída siempre musical de las frases con las manos cernidas en lo alto, cual si oficiaran en ritos místicos.

Baudelaire evocaba, en efecto, la idea de un hombre de iglesia y los hermosos gestos de la cátedra. Los puños de tela blanca se agitaban como las bocamangas de los hábitos. Desenvolvía sus frases con una unción casi evangélica, promulgaba sus dilecciones por un maestro venerado con la voz litúrgica del obispo leyendo una pastoral. Indudablemente, se celebraba a sí mismo una misa de gloriosas imágenes; tenía la belleza grave de un cardenal de las letras oficiando ante el Ideal. Su rostro afeitado y pálido se ensombrecía con la semioscuridad de la pantalla; yo veía moverse sus ojos como soles negros; su boca tenía una vida distinta de la vida, y la expresión del rostro era delgada y temblorosa, de una vibratibilidad fina bajo el arco de las palabras. Y toda la cabeza dominaba desde la altura de una torre la atención espantada de los asistentes.

Al cabo de una hora, la falta de público se agravo todavía más; el vacío alrededor del mago del Verbo ¡fue posible que se tornase más vacío!; sólo quedaron dos bancos ocupados, que se fueron clareando a su vez; algunas espaldas se curvaban de somnolencia y de incomprensión.

Tal vez los que quedaban se habían emocionado por un pensamiento caritativo: tal vez permanecían allí como un viandante acompaña al cementerio un solitario coche fúnebre; tal vez también fueran los porteros y los señores de la comisión, retenidos en su puesto por un deber ceremonioso."

El poeta no tenía aire de notar esta deserción, que le dejaba hablar solo entre los altos muros sombríamente iluminados.

En fin, sus últimas palabras se alzaron como un clamor: "Yo saludo en Teófilo Gautier, mi maestro, al gran poeta del siglo." Y el cuerpo rígido se inclinó e hizo tres saludos correctísimos, como ante una verdadera asamblea. Rápidamente se abrió y se cerró una puerta; después, un conserje se llevó la lámpara. Camilo Lemonnier quedó solo en la noche, "en la noche donde sin eco se había alzado, se había extinguido la voz de este padre de la Iglesia literaria".

En vista de que Bélgica le trata así, aunque él sostiene en los telegramas que ha obtenido un gran éxito, escribe: " Únicamente he sacado de mi viaje a Bélgica el conocimiento del pueblo más bestia de la tierra"; "el belga es un mono y, además, un molusco". "Los belgas son rumiantes que no digieren nada", y al ingenio de esos belgas lo llama "excremental". "Todos estos papanatas y canallas –dice Baudelaire de ellos– me han tornado por un monstruo, y cuando han visto que era frío, moderado y cortés –y que sentía el horror de los librepensadores, del progreso y de todas las tonterías modernas– han decretado (según supongo) que yo era el autor de mi libro."

En una carta a Paul Morice dice: "He pasado aquí por agente de Policía (¡muy bien hecho!), gracias a ese hermoso artículo que he escrito respecto al banquete shakesperiano; ¡por "pederasta " (soy yo el que ha divulgado ese rumor), ¡y "me han creído"!; ¡despúes he pasado por un "corrector de pruebas", enviado de París para corregir las pruebas de las "obras infames"!

"Exasperado de verme siempre creído" , he hecho correr la noticia de que "he matado" a mi padre y "que me lo había comido" ; que además, "si me habían dejado pasar la frontera era "por los servicios que he prestado a la Policía francesa, ¡y me han creido! Nado en la deshonra como el pez en el agua.'"

95

Respecto a los partidos belgas, dice que hay sólo dos: "los borrachos y los católicos"; y respecto al arte, después de salvar a Stevens y a Rops, que eran sus íntimos amigos, dice de Rubens que "es un granuja vestido de seda"; y en bloque, dice de todos los otros: "Esta pobre gente ha puesto mucho talento en copiar su propia deformidad." Sin ninguna simpatía por lo gótico, dice: "Así como las casas de la plaza Grande tienen el aspecto de muebles curiosos, igualmente las iglesias tienen el aire de tiendas de curiosidades."

Sólo en Malinas se siente bien "en el Jardín Botánico, que le produce una impresión general de reposo, de fiesta, de devoción". En Malinas, cada día tiene el aspecto de un domingo, y "¡cuántos campanarios, cuántas hierbas en las calles y cuántas beatas! He encontrado aquí una maravillosa iglesia de jesuitas, que nadie visita. En fin, he estado tan contento, que he podido olvidar el presente y he comprado antiguas porcelanas de Delft. Claro está que demasiado caras".

Para vender sus obras, definitivamente se escapa a ese ambiente bituminoso de Bélgica.

Se encuentra a Cátulo Mendès, ese hombre romántico, bondadoso, que vio el ámbar de la luz de la vida. Cátulo Mendès le acompañaba, y como perdiese el tren Baudelaire, Cátulo Mendès le invita a ir a su casa. "Tengo una cama y un sofá –le dijo–; usted se acostará en la cama y yo en el sofá."

Baudelaire, cuando estuvieron ya en casa de Mendès, se echó en el sofá. Allí se puso locuaz. "¿Sabe usted, hijo mío, cuánto he ganado con mi obra desde que trabajo, desde que existo?" Baudelaire comenzó a enumerar sus artículos, sus versos, sus libros. "¡Quince mil ochocientos noventa y dos francos y sesenta céntimos en total!" Mendès evalúa después, con esa cifra en la mente, que la ganancia diaria del poeta en veintiséis años resultaba " ¡un franco setenta céntimos!".

Apagada la lámpara para dormir, Baudelaire siguió hablando. Dice Mendès:

"Después de un largo silencio, entrecortado por algunos suspiros de un alma pletórica de angustia, se puso a hablar lentamente, pausadamente, como se lee en alta voz." Ya no se dirigía a su compañero, sino a sí mismo; eran todos sus sueños, todas sus quimeras y sus vastos proyectos literarios los que desfilaban ante sus ojos. Imaginaba un vasto poema indio, en el que quería encerrar toda la melancolía luminosa del sol". Dejaría la India antigua a Leconte de Lisle, reservándose la India moderna, con su miseria, su tortura, la peste, la postración y las languideces del amor y el deslumbramiento de las formas bajo el resplandor de la luz. "¡Yo diré –musitaba– la

97

lamentable belleza del eterno mediodía y los escamosos esplendores de las lepras en la adorable y execrable coruscación del día!"

Pero Gerardo de Nerval es el que le obsesiona.

"¿Ha conocido usted a Gerardo de Nerval?", le preguntó Baudelaire. "No", le respondió Mendès. "Pues no estaba loco... Háblele usted de esto a Asselineau. Asselineau le dirá que Gerardo no ha estado nunca loco. ¡Sin embargo, se ha suicidado, se ha ahorcado! ¿Por qué ha elegido, ya dispuesto a morir, la villanía de ese lugar y de un pingajo para su cuello? Hay venenos sutiles, acariciadores, ingeniosos, gracias a los cuales la muerte empieza por la alegría o al menos por el sueño..."

Mendès continua: "Yo no decía nada; no me dejaba hablar..." "Pero no –continuó él, alzando la voz, gritando casi–, eso no es verdad; no se ha matado, no se ha matado; se han engañado, han mentido... No; él no estaba loco, no estaba enfermo, no se ha matado... ¡No es verdad! Usted dirá a todo el mundo que no estaba loco, que no se ha matado. ¡Prométame decir que no se ha matado!"

Mendès prometió todo lo que quiso el poeta, y después se hizo un silencio, en que de pronto oyó un sollozo sordo, como el de un corazón que estalla bajo un gran dolor.

Cuando se despertó, Baudelaire ya no estaba allí. Sobre la mesa había un papel en que ponía: "Hasta luego." Pero ya no volvió a ver Mendès a su maestro sino muchos meses después, ¡y en qué estado!

Baudelaire vuelve a Bélgica como a un asilo, como a un refugio triste, como a un hospital-ciudad.

Allí domina a sus amigos y le parece lanzar las palabras en un ambiente provinciano.

Baudelaire era impaciente, voluntarioso, y se agarraban a él ferozmente los deseos en esta especie de infancia de enfermo que vive en Bélgica. Un día, en la taberna de Horton, en la calle de Villahermosa, se le antojó el chaleco de Stevens, y éste se lo quitó y se lo dio al poeta, agradecido, como pintor de animales, a un compasivo discurso sobre los perros que Baudelaire había improvisado.

También influyó que el pintor le había oído en diferentes ocasiones exclamaciones de admiración ante su chaleco, y un día que no lo llevaba, la consternada pregunta de: "¿Le pasa algo a su chaleco? ¿Está enfermo?"

Baudelaire, con el chaleco de Stevens al brazo, llegó a su casa, y con él puesto escribió ese pequeño poema en prosa titulado "Los buenos perros".

Después de todo eso, él contaba su éxito en Bélgica y como él había procurado espantar a los belgas comenzando por sus conferencias recomendándoles el "vino de quinquina" como preferible al tradicional vaso de agua azucarada que siempre manejaba el conferenciante.

"¿Quizá vosotros os preguntáis –comenzaba– por qué me gusta más el vino que el agua?", y él, según decía, les explicaba con solemnidad las razones de su preferencia; y entonces los belgas, irritados, no le dejaban continuar.

Va acercándose su final; él ha hablado ya varias veces de desvanecimientos, caídas en medio de la habitación, algo que le persigue y que es el recrudecimiento de una antigua sífilis.

La terrible solitaria cerebral de la sífilis, la tenia inextirpable que duerme con catalepsia disimulada que parece muerte, se despertó en él en el promedio de la vida. La cabeza de esa "tenia" perseguida, que es lo que se reproduce, se pierde por entre las circunvalaciones del cerebro como en la intrincada conejera en que no hay hurón mercurial ni "salvarsiano" que penetre, se había reproducido en él.

En una carta a su madre está la justificación de este aserto: "Es inútil tener pudor contigo –dice a su madre–. Tú sabes que siendo muy joven tuve una mala enfermedad, que después creí totalmente curada. En Dijon, después de 1848, tuve una nueva explosión, siendo paliada de nuevo... Ahora vuelve otra vez... Quizá, en la tristeza en que he caído, mi terror aumenta el mal. Me es necesario un régimen severo, y no será con la vida que llevo como me he de salvar."

La caída de su pelo, como todos sus males, está relacionada con esa lepra degenerada.

Alguna vez los médicos le prescriben el agua de Vichy contra estas crisis; pero no tiene ni un cuarto para seguir el plan curativo del médico. No puede escribir ni una carta de débil que está.

Las crisis caen sobre él como un derrumbamiento rápido. Vacila a veces y cae, tirando los muebles en la caída. Le ataca el vómito, suda el sudor frío de la serpiente.

"Dispense mi estilo conciso; es otro el que escribe por mí", dice en una carta que escribe a su tutor.

Así recibe el golpe de gracia cuando, en los comienzos de marzo de 1866, el suegro de Rops le invita a pasar algunos días en su casa, en Namur. Allí, aunque él conoce ya la ciudad, aprovecha esa ocasión para ver la iglesia de Saint-Loup, que consideraba como "la obra capital de las mejores obras de los jesuitas", y de la que decía: "Esta maravilla siniestra y galante es comparable al interior de un catafalco –terrible y delicioso– bordado de negro, de rosa y de plata."

Estando admirando las tallas de los confesonarios, vaciló y se fue a dar contra el escalón del estrado de un altar. Sus amigos le auparon.

Él dijo que no era nada; pero a la mañana siguiente, al levantarse, dio señales de enajenación mental.

Se le llevó a Bruselas.

En cuanto montó en el tren dijo, una vez instalado en el vagón:

–Abrid la puerta.

¡Y la puerta estaba abierta!... Había querido decir que la cerraran. Las palabras no obedecían ya a su pensamiento...

Quizá no había tenido en cuenta las prescripciones de los médicos. Abusaba del vino de tal modo que sus íntimos amigos no lo ponían en su mesa para que no abusase. Sin embargo, todo procede de su constitución, pues su hermano Claudio murió de un ataque de parálisis a los cincuenta y cinco años de edad.

Parálisis del lado derecho y reblandecimiento del cerebro es lo que tiene.

¡La sífilis! ¡La sífilis! ¡La sífilis sólo? En diferentes alusiones de sus biógrafos se habla de otra cosa, de "un accidente capital y doloroso"... Vamos, ¿qué le cortaron? Aclara un poco más ese hecho lo que dice Buisson: "Casto, lo hubiera seguido siendo sin el viaje a Ultramar, la mujer judía, la mujer javanesa y "el desarreglo de una vida arrojada fuera de sus vías naturales por un accidente capital y doloroso."

No puede hablar. Apenas pronuncia sílabas sueltas.

Le cuentan cosas de su pasado y no comprende, aunque escucha con mucha atención. Con mucha paciencia, no obstante, el médico consiguió que pronunciase algunas palabras y algunas frases, ¡Él, el cincelador del estilo! ¡Él, que consiguió formular el diamante, siempre disperso e imposible para todas las combinaciones químicas de los mejores retóricos!

Ya pronunciaba muy bien: "Buenos días, señor"; "buenas noches, señor", y "la luna es bella..., la luna es bella".

En el hospital de monjas se le cura con cuidado, aunque allí no le comprenden, no acaban de saber quién es.

La madre le cuida como a un niño pequeño, y soporta sus cóleras y el no querer ser dominado. Las monjas quieren que haga el signo de la cruz; pero él "se vuelve dulce, y con una paciencia admirable cierra los ojos o mueve la cabeza sin incomodarse. Cuando insisten demasiado hace como que duerme".

Le llevan a París y se hospeda en la casa de salud que dirigía el doctor Duval. En la planta baja de un pabellón tiene su cuarto; de las paredes cuelgan cuadros de Manet; entre ellos, la copia de la duquesa de Alba, de Goya, que aconsejó a Baudelaire que comprase su amigo Nadar.

Le visitan mucho sus amigos, y por fin puede salir algo; y Nadar le prepara una cena a la semana, en que reunía a los amigos de su juventud. Esto excitaba tanto a Baudelaire que tuvo que renunciar a ello.

Otra vez le volvían los ramalazos, confundía a las gentes; y un día que le pusieron a la firma un recibo, no se acordaba de su nombre. Hubo necesidad de enseñárselo impreso en la cubierta de uno de sus libros para que lo cogiera y su inteligencia dijera desde muy adentro el "¡ah, sí!" de haberse dado cuenta.

Una de sus mayores alegrías era contemplar sus manos pálidas, de unas cuidadas, y moverlas delante del balcón, jugando con la luz.

Estaba roto todo en él, separado, confundido. A veces quería dominarse. No podía. "Sería estúpido derribar esta lámpara", se decía, y poco después le daba una manotada y la estrellaba contra el suelo.

Entre las mujeres abnegadas que iban al sanatorio estaba madame Sabatier, bella y sin olvido. Acompañada por madame Meurice, hacía oír música a Baudelaire, mucho Wagner sobre todo, para recordar al enfermo la iniciativa de su defensa del gran músico.

Ya va a dar la carcajada final o a hacer la contorsión terrible de la "Muerte civil". Final del drama.

La gran expectación va a ver su gesto definitivo. Alguna mujer de las que le han admirado y amado va a hacerle compañía y a cuidarle. Una consigue que se deje peinar la cabellera y la barba, inculta y feroz. Cuando ya está aviado se contempla en el espejo, y tomando una fría actitud de recelo, no se reconoce y se saluda... ¡Ah! Es el saludo de despedida...

Gesto mudo y definitivo que no sabría imitar ningún actor y que él hacía, consiguiendo que se rompiese el espacio por los aplausos mudos.

Máximo du Camp le encuentra "sentado en un gran sillón, con las manos blancas, el rostro con esa palidez terrosa que es el fondo de la demencia, las pupilas dilatadas y los ojos interrogadores y fijos. Ninguna huella de emoción en su rostro adelgazado; a veces parecía levantarse, en un incomparable esfuerzo, para responder a lo que se le decía, y exclamaba: "¡No, no, no!". Eran las únicas palabras que conseguía articular".

También Banville recibe esta impresión catastrófica, y es el que muestra mejor que nadie esta "quema" repentina del hombre:

"Cuando yo le vi por la primera vez, en 1842, tenía veinte años; era bello, rico, dichoso, amado; sus ojos brillaban con un destello sobrehumano; su barbita naciente encuadraba la más noble fisonomía que ha existido jamás; sus labios carnosos se parecían a una flor de púrpura, y sobre su cuello heroico se rizaba una larga y brillante cabellera. Y después le he visto morir pobre, a los cuarenta años, el cráneo cubierto de algunos largos mechones blancos, atacado por la más horrible de las enfermedades que pueden caer sobre un poeta, puesto que esa espantosa afección que se llama la afasia arranca a nuestro espíritu el sentimiento de todo lo que es forma y, por consecuencia, la idea de las palabras."

Pasan muchos días así.

En las biografías se saltan fechas, y se hace breve y como si no fuese pesada la carga terrible, abrumadora y llena de hojarasca, de la vida y de los días.

Si no dar toda la emoción larga –a cada día habría que dedicarle un tomo de quinientas páginas–, hay que anunciar, para que sean fondo bastante grande a sus sufrimientos, la sensación de todos estos días que paso Baudelaire sin poder o sin querer decir a nadie cómo veía la vida como la avenida luminosa que se aleja, mientras el que se va camina hacia atrás por el túnel oscuro.

Él veía esto. Le asustaba el final trágico, y por eso lo buscaba con más afán. Toda su naturaleza se obstinaba en que el silencio llegase. Ya no quiere decir las últimas palabras, y tampoco lo quiere la naturaleza, que corre el peligro de ser descubierta.

El gran instinto de conservación que tiene la vida sobre los hombres hace guardar el secreto comprometedor cuando los escritores poseyeron el estilo tan a propósito y tan expedito para divulgarlo. Por eso ha callado Nietzsche en su mejor momento, hundiéndose en la locura, y "el otro en la muerte", y el otro en la hemorragia cerebral –Gourmont–, y así siempre a lo mejor.

Baudelaire consigue, por mediación de Champfleury, que el ministerio le dé 500 francos, por una vez y para siempre. ¡Cuando, después de su muerte, un ejemplar, en holandesa, del original de "Las flores del Mal" se vendió en 11.000 francos!

Aún tiene ciertas preferencias de hombre singular. En el jardín del doctor Duval había una planta carnosa, y Baudelaire la prefería por su forma extraña, por sus contorsiones serpentinas, por su evocación de lo que es mórbido, tiende a lo extraño. Se va acercando el momento en que las campanas van a tocar. Su madre vuelve de Honfleur, donde se había ido porque su hijo estaba mejor y porque además él no se sentía bien con el excesivo cuidado maternal. Ya, sin embargo, no abandona su cabecera, y muere sin que haya una pintura de su agonía. Mejor quizá. Si no, estaría aún presente como ninguna su mueca retorcida de dolor.

La primera noticia que queda de su muerte es una carta de la madre al editor y confidente, Malassis, fechada el 1 de septiembre de 1867: "Esto se acabó –dice–. Se ha muerto ayer, a las once de la mañana, después de una larga agonía, pero dulce y sin sufrimiento. Estaba tan débil, que ya no luchaba."

Digna de figurar en su esquela es la frase que Veulliot le consagró: "Dios tuvo por fin piedad de su alma, que Él mismo oprimía."

En otra carta más detallada de la madre hay nuevos recuerdos de ese último momento: "Parecía dormir con los ojos abiertos y se extinguió dulcemente, sin agonía ni sufrimientos. Yo le tenía abrazado hacia unas horas, queriendo recoger su último suspiro; le decía mil ternezas, persuadida de que en su estado de postración y mutismo debía comprenderme y podía responderme. Amada, que estaba conmigo, me confirmaba en esta idea. Ella me decía: "¡Oh señora, cómo la mira a usted!... Sin duda, la escucha y le sonríe."

La esquela que se envió a los amigos decía:

Le rogamos asista a la conducción, funeral y entierro del señor Carlos-Pedro Baudelaire, fallecido en París, el 31 de agosto de 1867, a la edad de cuarenta y seis años, después de haber recibido los Santos Sacramentos.

El funeral se celebrará el lunes, 2 de septiembre próximo, en la iglesia Saint-Honoré, su parroquia, plaza del Hipódromo, a las once en punto.

El duelo se formará en la iglesia. De parte de madame veuve Aupick, su madre; de madame Perrée, su tía abuela, y de sus hijos; de madame veuve Baudelaire, su cunada; de monsieur Jean Levaillant , general de brigada; de monsieur Jean-Jacques Levaillant, jefe de batallón; de monsieur Charles Levaillant, general de división, sus primos.

Los funerales tuvieron lugar el lunes 2 de septiembre; primero fue depositado el cadáver en la iglesia de Saint-Honoré, de Passy, y después de oírse los latines de ritual, fue conducido al cementerio de Montparnasse.

Como todavía no había acabado el veraneo, le pasó lo que a Musset y a Heine por haber muerto en esos mismos días: que muchos amigos estaban ausentes. Además, por ser domingo el día –antes, no pudieron repartirse a tiempo las esquelas precisas.

Habría unas sesenta personas en la iglesia, y menos en el cementerio. El calor impidió que muchos pudiesen llegar hasta el final. Un trueno que estalló al entrar en el cementerio hizo que huyese la mayor parte de los que quedaban.

Entre los que se quedaron están Houssaye y su hijo, Nadar, Champfleury, Monselet, Wallon, Vitu, Canet, Alfred Stevens, Braquemond, Fantin, Pothey, Verlaine, Calmann Lévy, Alph, Lemerre, editor; Ducessois, impresor; Silvestre, Veuillot, etcétera.

Pronunciaron sentidos discursos defendiendo al gran poeta de los ataques traidores de Asselineau y Banville.

(¿Por qué no fue Gautier? En una nota de Verlaine se hace una terrible alusión: "Ha sido lamentable que la ausencia de un personaje célebre haya sido notada y calificada de inconveniente; pero más lamentable es todavía que esta apreciación sea justa.")

Así fue enterrado y abandonado en la tumba sin nombre.

Su madre reparte entre sus amigos algunos recuerdos de su hijo: grabados, libros y curiosidades que el poeta había coleccionado. Así, Banville recibió un dibujo de Deveria; el doctor Piogey, un pupitre persa; Asselineau, un Rabelais y algunas obras inglesas; Ancelle, algunas hermosas obras de [Constantin] Guys, y Barbey d'Aurevilly, *La dama turca de la sombrilla*, esa obra que entusiasmaba a Barbey, según se ve en aquella carta que le dirigió en vida:

"Mi querido Baudelaire:

¿Quiere usted convidarme a cenar en su hotel el miércoles día 11? Tengo sed de volver a ver la turca, por la que estoy loco, y también las demás criaturas del todopoderoso 'Guys' ... Si no puede ser, póngame dos letras.

Si eso fuera posible, yo llegaría a buena hora, a fin da atiborrar a mis ojos antes de llenar mi estómago.

Por entero suyo,

Julio Barbey d'Aurevilly."

Después, la madre desaparece y queda perdida, muy chiquita, muy difuminada, en un pueblecito, dándole vueltas la cabeza y desvaneciéndosela por los contrastes de su vida, esposa del conservador del gran Luxemburgo, viuda y esposa de un general que después es embajador, madre de un hijo díscolo, bohemio, pedigüeño como un miserable y hasta un punto que no era posible socorrer, y, por fin, madre de un hombre inmortal que al fin, ante la gran insistencia de las plumas en proclamar el respeto que merecía, hace que la madre se sienta más perturbada y hasta se crea responsable de cosas que verdaderamente no la tocan siquiera.

Esa madre tan entre contradicciones escribe en una de sus cartas últimas a Asselineau, rogándole que suprima la poesía titulada *La negación de San Pedro*. "Como cristiana –dice–, yo no puedo, yo no debo dejar imprimir eso." "Las dos poesías que siguen a *La negación de San Pedro* no son tampoco muy cristianas; pero yo no sé qué ilusión me hago que me parece que en rigor pueden pasar por una exageración de la imaginación, por divagaciones de un poeta exasperado y desgraciado."

Sin embargo de esto, la buena madre se aproxima con su comprensión de mujer a comprender al hijo. Es maravilloso el esfuerzo que esta mujer hace por llegar a esas concesiones y, sobre todo, a la concesión que supone, después de sentir esos escrúpulos, contestar a la carta que le escribió Asselineau protestando de su pusilanimidad con estos conceptos: "Me ha escrito usted una carta muy dura, puesto que en ella figura la palabra "dimisión". Esta amenaza exagerada hubiera bastado para vencerme si estas palabras

111

mágicas: "Carlos no está aquí para defenderse", no hubieran producido instantáneamente un trastorno en mis ideas, y de un modo instantáneo también he acudido con lágrimas en los ojos ante su retrato, y he hecho ante su imagen el sacrificio de mis escrúpulos y la promesa de que su pensamiento quedará intacto y será reproducido tal como lo expresó."

El libro de Asselineau va a buscar a la madre, que duerme asustada bajo los crucifijos, llena de miedo; pero al mismo tiempo desobedece, por el arte, y le escribe: " ¡Por fin ha llegado ese libro tan deseado, tan esperado y del que apenas oso hablarle, con el temor de volverme importuna!" Hasta le propone con delicadeza darle dinero por la edición, puesto que ella ha oído "que eso cuesta muy caro".

Está tan emocionada, ¡tanto!, esa madre por el hijo; ha llegado a ser de tal modo su admiradora, que hasta en esta biografía que yo estoy componiendo tengo miedo de desagradarla, porque remotamente espero una carta de ella.

Ya se pierde un poco la sombra carnal de Baudelaire. Su obra se comentó desde la misma noche de su muerte, y no se pierde ni se deja de recitar por los poetas en ningún momento. Es el misal que permanece aún hoy mismo.

Esa transformación que sufre el muerto, esa momificación de un cadáver que lo devuelve como limpio y en su madurez al recuerdo de todos, hace que en 1895 piensen en elevar un monumento a su memoria, y que se forme un comité, presidido por Leconte de Lisle, bajo los auspicios y la presidencia efectiva de Mallarmé; aunque sólo una segunda comisión más modesta, presidida por Aicard, consiguió erigir ese monumento en el cementerio de Montparnasse, debido al cincel de Charmoy, salvando a Baudelaire de aquella otra tumba en que ya había otra víctima y en la que ponía:

"Jacobo Aupick, general de división, senador, embajador en Constantinopla y en Madrid, miembro del Consejo General del Departamento del Norte, gran oficial de la Orden Imperial de la Légion de Honor y condecorado con varias Órdenes extranjeras, falleció en París, a la edad de sesenta y ocho años, el 18 de abril de 1857. Carlos Baudelaire, su hijastro, falleció en París, el 31 de agosto de 1867, a la edad de cuarenta y seis años. Carolina Archenbaut Dufays, viuda en primeras nupcias de José François Baudelaire, en segundas nupcias de monsieur el general Aupick, madre de Carlos Baudelaire, fallecida en Honfleur (Calvados), el 16 de agosto de 1871, a la edad de setenta y siete años. Rogad por ellos."

¡Ya estaban todos en el mismo jardín del retiro!

***

Fue sencillamente un dolorido de pobre sensualidad, pero de una visión sensual magnífica y total.

Lo que halló él en el reposo del mundo, apoyado el codo sobre la mesa vacía, fue toda la concepción del mundo, el reloj de bolsillo, el reloj humano del mundo y sus pasiones.

Él se ve que no tomaba parte en los juegos de la vida, y, sin embargo, estaba avizor y tranquilo. Así compuso el almanaque eternal de las pasiones, de las inquietudes, con sus rasgos, con sus precisos, con sus breves contornos.

Cada soneto de los suyos, cada uno de sus poemas, se lee a sí mismo, se basta a sí mismo. Le da una lección de declamación a cada uno de los que lo recitan.

Estos versos de Baudelaire están empinados en columnas erguidas. Necesitan el atril, esas flores del Mal de las que están perfumadas todas sus otras obras, como lo que ha estado al lado de lo otro en los armarios de la mente.

La piedra más dura del mundo, más dura que el brillante, mucho más, ¡qué duda cabe!, es la piedra del arte, imposible de tallar más que por la mente más formidable entre las mentes, una mente entre muchas más que las que representan cuarenta millones de hombres. Baudelaire tomó en sus manos esa piedra dura y es el que la ha tallado con más gracia.

La definición del arte frente a Baudelaire tiembla. Es superior a la definición del arte; su obra la sobrepasó en mucho.

Él es la estatua de bronce en la plaza central de nuestra memoria.

En 1927 se revisó el proceso incoado contra Baudelaire en 1857, pues no sólo se necesita que haya pasado la eficacia denigrante de una sentencia, sino que es necesario reponer a la Justicia, marcar su evolución, purgarla de sus pecados del pasado. Francia es la patria de las revisiones un poco tardías, pero que llegan al fin y al cabo; así, últimamente, el farmacéutico, que ya estaba viejo por haber sufrido la condena por creérsele envenenador de su esposa, fue repuesto en el buen nombre porque se ha probado que el arsénico puede encontrarse en el organismo sin que proceda del crimen.

*Las flores del Mal*, lozanas, multiplicadas como por uno de esos jardineros "multiplicadores" que llenan el mundo de la variedad conseguida en su jardín, sembradas por los vientos a través del mundo, gracias a su semilla, leve, ingrávida, sutil, no necesitan oficial perdón. La Justicia es la que necesita reponerse de sus oprobiosas sentencias.

Vola
Archivos

Ivan Turguenev:
*Hamlet y Don Quijote*

Émile Zola:
*Gustave Flaubert*

Marcel Proust:
*El caso Lemoine*

Wilhelm Dilthey:
*Satanás en la poesía cristiana*

Emilia Pardo Bazán:
*Balzac: la comedia humana*

Ramón Gómez de la Serna:
*Gérard de Nerval, una vida*

Stefan Zweig:
*Marceline Desbordes-Valmores*

Manuel Azaña:
*Cervantes y la invención del Quijote*

Ralph Waldo Emerson:
*Shakespeare y Goethe*

Boccaccio:
*Dante Alighieri: su vida y sus obras*

Victor Hugo:
*William Shakespeare*

Mark Twain:
*¿Ha muerto Shakespeare?*

André Gide:
*Oscar Wilde: in memoriam*